Carlo
Cannistraro

in collaborazione con
Graziella Marchetti

Alla ricerca della fede perduta

che non avresti mai pensato di avere

ossia un manuale pratico per vivere la vera fede nel quotidiano con gioia e consapevolezza

Collana O.R.F.I.

Scritto in collaborazione con
Graziella Marchetti

Immagini di copertina:
Viola Cannistraro, Master Designer
viola.cannistraro@gmail.com

Immagine di seconda pagina:
Viola Cannistraro

Illustrazioni del libro:
Carlo Cannistraro

Revisione del libro:
Giovanna Pagliaro

1a edizione dicembre 2020

ISBN 978-88-940533-5-7 Amici del Piccolo Principe Editore - Pordenone

Sommario

Avvertenze

L'autore desidera precisare che quest'opera esprime un pensiero personale, alla luce delle conoscenze acquisite e integrate durante la frequentazione di numerosi seminari, che hanno trovato applicazione e verifica, in un secondo momento, nella pratica professionale quotidiana al servizio di rappresentanti del mondo animale, vegetale, minerale e spirituale.
Pertanto, si dichiara estraneo a qualsiasi responsabilità verso coloro che, per scelta personale, possano decidere di modificare le proprie convinzioni fino a non ricorrere, in toto o parzialmente, ai trattamenti clinici tradizionali.

Questo libro è dedicato

a Ezio Bosso
perché è un uomo con una disabilità evidente in mezzo a tanti uomini
con una disabilità che non si vede

a Maria
perché ha saputo guardare dentro la sua anima e riconoscere il senso della Vita

ad Al Jarreau
che diceva "Non so come abbiamo avuto l'idea che Dio vuole che noi soffriamo.
Ogni essere vivente tende verso il bene o ci saremmo estinti molto tempo fa."

alla Vita
che ci permette ogni giorno di stupirci ancora
per la bellezza dei colori della Natura
per la fragranza dei profumi dei suoi fiori
per i suoni del vento che accarezzano ogni essere vivente
e per essere quello che siamo, così unici e perfetti

e a tutte le persone che mi hanno accompagnato fin qui

Un ringraziamento particolare
a Graziella, Nicole, Lisa e Viola
per la loro pazienza e collaborazione artistica ma non solo

Una dedica particolare
a tutte le persone scomparse nel Mediterraneo
che ci hanno onorato e data la possibilità
di poter assaporare ogni mattina il profumo della libertà

Come usare l'immagine del retro copertina

L'immagine sul retro della copertina è uno stereogramma, cioè un'illusione ottica, creata da particolari immagini piane che induce, chi la guarda, a visualizzare una figura tridimensionale. Questa tecnica usa i principi della stereoscopia ma viene generata in maniera totalmente differente. La figura è generalmente costituita da una successione di strisce verticali larghe diversi millimetri che differiscono tra di loro leggermente. Cercate di mettere a fuoco, *non la figura piana, ma un punto immaginario dietro il disegno: in questo modo il cervello è ingannato ed interpreta due strisce affiancate come se fossero la stessa, attribuendo quindi, alle piccole differenze tra le strisce stesse, una realtà tridimensionale.*

Guardando l'immagine in visione divergente (foto A), dunque, si vedrà la tridimensionalità che è rappresentata dall'immagine di fondo (foto B).

Foto A 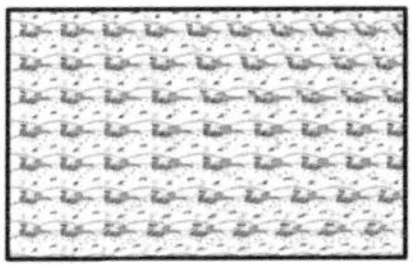

 Foto B

Questa modalità di visione permette di rilassare gli occhi per cui, durante la lettura, nel momento in cui vi sentiste gli occhi particolarmente stanchi, potreste guardare la tridimensionalità dello stereogramma per trovarne giovamento. Per ulteriori informazioni, poi, in merito al rilassamento degli occhi, contattare il sito degli Amici del Piccolo Principe (www.amicidelpiccoloprincipe.org) facendo riferimento al metodo Bates.

Buona.... *visione*!

Conoscere l'associazione Amor Domus di Porcia

I proventi del libro saranno devoluti a favore dell'associazione Amor Domus Onlus di Porcia (PN), quindi grazie. Chi è e cosa fa quest'associazione sul territorio? Sono un gruppo di persone che credono si possa condividere il proprio percorso di vita per comprendere ancor di più cosa la Vita ci ha riservato e cosa ci porta in dono. Sono in continuità con gli Amici del Piccolo Principe, sia per il raggiungimento di obiettivi comuni, sia per la voglia di condivisione.
L'associazione nasce con l'intento di costruire ed utilizzare una struttura con sala polivalente (vedi progetto nel sito *www.amordomus-porcia.com*) dove sia possibile incontrarsi per seminari, conferenze e quant'altro, col fine di potersi incontrare e scambiare opinioni ed esperienze. La struttura comprenderà anche tre ambulatori per consulenze, con lo scopo di avere operatori specializzati per aiutare a comprendere il perché ci troviamo in un momento di disarmonia (alias 'malattia') con la possibilità in un secondo momento, di apprendere modalità semplici di intervento su di sé, che richiedono sempre una responsabilità personale.
La sede dell'associazione comprende anche un secondo piano, diviso in due comparti. Se volete collaborare operativamente, o anche solo economicamente, contattate l'associazione Amor Domus Porcia - Onlus accedendo al sito (*www.amordomus-porcia.it*).
Per versamenti sul conto, come donazioni libere, la causale dovrà portare la seguente dicitura: "*Liberalità in favore dell'associazione Amor Domus*" inserendo anche il nominativo del versante compreso di codice fiscale.
L'associazione è una Onlus, con tutti i benefici che riguardano gli sgravi fiscali per le donazioni. Si ringrazia sin d'ora tutti coloro che parteciperanno, a qualsiasi titolo, alla crescita dell'associazione.
Buona vita.

Presentazione di Luciano

Mi ricordo che oltre 40 anni fa (l'amicizia con Carlo è "antica"), mentre ritornavamo dall'Emilia da una partita di pallacanestro (amore comune) eravamo in una carrozza di quelle vecchie *open space* con i sedili in legno. Noi (eravamo 4 o 5) e tanti militari (il FVG era terra di militari) per 4 ore di lungo viaggio notturno. Per tutta la notte noi abbiamo parlato, anche animatamente, del significato della vita. Dopo alcune ore i militari ci dissero "ma non potete stare zitti e dormire come noi?". Ovviamente abbiamo continuato e nessun militare ha ritenuto di unirsi a noi nella discussione.

Ancora oggi con Carlo continuiamo quel discorso.

Per chi ha visto il film capolavoro di Mel Brooks "FRANKENSTEIN JUNIOR" (per chi non lo avesse visto, affrettatevi a vederlo):

Nella scena della partenza per la Transilvania il dFrankenstein vuole abbracciare, stringere baciare la sua fidanzata, la quale ogni volta lo stoppa o per i capelli o per il vestito o per il rossetto, alla fine si salutano toccandosi il gomito (come da attuale DPCM) e quando lui le manda un bacio dal finestrino lei lo prende al volo con la mano per non sgualcire tutto il resto!

Igor: buongiorno dottor Frankenstein (Frankenstain)
Dr Frankestein: sono Fredrick (frederic) Frankestein (Frankestin)
Igor : ma allora è Frederick (frederaik)
Dr Frankestein: no è Fredrick (frederic) e tu devi essere Igor (igor)
Igor: no, si pronuncia Igor (aigor)

All’arrivo nel castello dei Frankenstein, viene presentata Frau Blucher (nitrito dei cavalli) e per tutto il film ogni volta che viene nominato il suo nome si sente il nitrito dei cavalli…….

Scena della gobba:
dr Frankenstein a Igor: sai sono piuttosto bravo se vuoi potrei aiutarti per quella gobba
Igor: gobba? Quale gobba?
E per tutto il film la gobba passa da destra a sinistra e viceversa…

Scena del cimitero:
dr Frankestein: che schifo di lavoro
Igor: potrebbe essere peggio
Dr Frankestein : a sì e come?
Igor: potrebbe piovere….
E in quel momento comincia il temporale…

Anche Carlo in questo libro mette in scena la commedia che è la vita e vi porrà tante domande, e scoprirete, solo se lo volete, se siete come noi o come i militari di tanti anni fa.

Scoprirete che forse frankenstin e frankenstain sono la stessa cosa, ma siamo noi a dargli un’etichetta, oppure no.

Scoprirete se volete essere “toccati” oppure preferite i baci dal finestrino, oppure no.

Scoprirete se avete la gobba o fate finta di no, oppure no.

Scoprirete se potrebbe essere peggio e piovere, oppure no.

Scoprirete se ogni volta che si pronuncia il vostro nome si sente il nitrito dei cavalli, oppure no.

Io sono molto fortunato, frequento una famiglia straordinaria (Carlo, Graziella, Nicole, Lisa e Viola) e ogni volta che passo qualche ora con loro, la vita mi diventa ancora più gradita.

Credo che con questo libro Carlo cerca di trasmettere proprio questo: gradire la vita!

Insomma questo libro dipende da voi e da come volete usarlo. Se vi è piaciuto, ma anche se non vi è piaciuto, vi consiglio di leggere gli altri libri scritti da Carlo, ne trarrete solo che benefici

Per ultimo voglio dirvi che quando Carlo mi ha chiesto di scrivere questa presentazione, ho sorriso e gli ho chiesto, ma sei proprio sicuro che sia la persona adatta?

Perché devo confessarvi che non ho perduto la fede, io la fede non so proprio cosa sia!

Sono ateo e faccio anche fatica a usare parole come fede e credo perché sono sempre così abbinate ai precetti di tutte le religioni.

Preferisco la parola fiducia, perché io ho fiducia nella vita, perché negli anni la vita ha sempre risposto in "positivo" nei momenti "negativi". O forse è solo quello che volevo io?

Forse sono solo fiducioso nella vita perché mi ha regalato grandi momenti di gioia come essere presente alla nascita dei miei figli Giulia e Alberto o quando la mia ex moglie mi ha detto SI! Ed anche nelle piccole cose ho saputo trarre tante soddisfazioni.

Mi piace pensare che questa fiducia è anche frutto di avere al mio fianco persone come Carlo.

Prefazione

"Le persone vengono nella tua vita per una ragione, per una stagione o tutta la vita. Quando saprai perché, saprai cosa fare con quella persona. Quando qualcuno è nella tua vita per una ragione, di solito è per soddisfare un bisogno cha hai espresso. Sono venuti per assisterti attraverso una difficoltà, per darti consigli e supporto, per aiutarti fisicamente, emotivamente o spiritualmente. Possono sembrare come un dono del cielo e lo sono. Loro sono li per il motivo per cui tu hai bisogno che ci siano. Quindi, senza nessuno sbaglio da parte tua o in un momento meno opportuno, questa persona dirà o farà qualcosa per portare la relazione a una fine. Qualche volta loro muoiono. Qualche volta se ne vanno. Qualche volta si comportano male e ti costringono a prendere una decisione. Ciò che dobbiamo capire è che il nostro bisogno è stato soddisfatto, il nostro desiderio realizzato, il loro lavoro è finito. La tua preghiera ha avuto una risposta e ora è il momento di andare avanti. Alcune persone vengono nella nostra vita per una stagione, perché è arrivato il tuo momento di condividere, crescere e imparare. Loro ti portano un'esperienza di pace o ti fanno ridere. Possono insegnarti qualcosa che non hai mai fatto. Di solito ti danno un incredibile quantità di gioia. Credici, è vero. Ma solo per una stagione! Le relazioni che durano tutta la vita ti insegnano lezioni che durano tutta la vita, cose che devi costruire al fine di avere delle solide fondamenta emotive. Il tuo lavoro è accettare la lezione, amare la persona e usare ciò che hai imparato in tutte le altre relazioni e aree della tua vita. Si dice che l'amore è cieco ma l'amicizia è chiaroveggente. È bello essere parte di una vita, che sia per una ragione, una stagione o tutta la vita" (di Paulo Coelho).

Ho sempre saputo che a ognuno di noi sono riservati dei doni speciali che ci accompagnano per tutta la vita e chissà, magari anche oltre la vita stessa. Ma non chiedetemi perché ho sempre saputo che è così, soprattutto in queste prime righe del libro. Spesso sono delle presenze 'amiche' che appaiono quasi poco significanti ad una visione superficiale, ma che poi, con il tempo, si rivelano per tutta la loro magnificenza e rilevanza. Altre volte sono solo degli eventi, all'apparenza minimalisti, ma che ci costringono a reindirizzare il nostro cammino verso nuovi incontri ed esperienze, dandoci così l'opportunità di aprirci ad un rinnovato e fresco sguardo sul nostro vissuto, cambiando di fatto la percezione stessa di quello squarcio di vissuto che per tanto o poco che sia, ci appartiene indissolubilmente.

Così, anche quando tutto sembra perduto, ecco che arriva un qualcuno o un qualcosa che ci riapre a nuove possibilità e a nuove visioni; sempre che ci concediamo l'opportunità di rimanere aperti alla possibilità di farci sorprendere e meravigliare dalla vita stessa. Questa modalità di agire e interpretare incontri ed eventi, ci permetterà di evitare delle restrizioni e tantomeno di rimanere incollati a delle aspettative, che di fatto ci riporterebbero immediatamente in contatto con il nostro passato, dandoci ancora una volta l'illusione di una parvenza di sicurezza, garante a suo modo di un senso di protezione, ma che ci collocherebbe in una condizione di sopravvivenza, senza permetterci di sperimentare la vera Vita, che non aspetta altro che di essere vissuta integralmente così com'è. Se ora, questi pensieri, esplicitati 'ad alta voce' attraverso questo scritto, fossero difficilmente comprensibili e decifrabili al lettore, ricordiamo che avremmo l'occasione sicuramente di tornare su questi concetti, così difficili e al tempo stesso così semplici da cogliere, in modo da poterli osservare con più chiarezza e senza urgenza. Ci sono stati dunque molti incontri importanti con persone ed eventi nella mia vita, che hanno permesso di nutrire la mia anima o, se preferite, la mia energia in modo da poter cogliere sempre più consapevolezza di quale meraviglia è costituita la nostra essenza.

Così è da più di venticinque anni, che condivido le mie esperienze di vita con la gente di strada, nel senso di persone *non-necessariamente-terapeuti*. Con loro, ho scelto e scelgo ancora oggi di condividere anche le mie conoscenze ed esperienze, che sono state spesso frutto di momenti di curiosità. In effetti, mi ha sempre accompagnato nella vita quel senso di ricerca di approfondimento per ogni cosa sperimentata, soprattutto quando riuscivo a sentire vibrare dentro di me qualcosa di speciale. Ogni incontro, in fondo, è sempre una storia a sé, poiché niente si ripete mai allo stesso modo. Alle volte le cose appaiono così simili, che c'è il rischio di confonderle, ma quando sappiamo ascoltare il modo con cui il nostro corpo risponde a ogni sollecitazione e/o stimolo, ci possiamo rendere conto che niente è mai perfettamente coincidente con l'istante precedente e che siamo in un divenire di cambiamento e rinnovamento costanti. Questo modo di essere, ci accompagna poi per tutto l'arco del nostro cammino in questa meravigliosa madre-terra, sia che lo vogliamo sia che lo respingiamo.

Appartengo a una famiglia che si è sempre dedicata all'insegnamento e alla didattica: mia nonna Domenica, mio padre Piero, mia zia Lea e la mia mamma Luciana sono stati maestri elementari, dunque dediti a portare conoscenza e luce alle giovani generazioni che sono da sempre, in secondo momento, gli adulti del domani. I giovani sono, a tutti gli effetti, quella parte della comunità abbastanza libera da condizionamenti, che si appresta ad arricchirsi di informazioni ed esperienze nuove, per poter crescere ed evolvere. Questo susseguirsi di eventi, permette di portare avanti le istanze dei genitori che, magari anche con molta fatica, avevano intrapreso notte tempo: situazioni rinnovate e rispolverate di quell'energia fresca e leggera che conduce lontano, senza fatica e senza sforzo. Ho condiviso con queste persone momenti importanti nella mia vita, il senso e il valore del rispetto e della libertà che ognuno, prima dovrebbe sperimentare per sè e poi solo in un secondo momento confrontarsi con i suoi simili.

Così, a modo mio, ho cercato di trasmettere questi principi inalienabili alle persone che ho incontrato e che incontro ancora tutt'oggi, in tutte le sedi dove opero, che possono essere il mio studio, la sala di una conferenza oppure, perché no, l'occasione di un incontro a casa di amici per una cena. Il perché faccio così me lo sono chiesto più volte e la risposta è sempre stata la stessa: mentre molti dei sistemi sociali cosiddetti 'moderni' e contemporanei, in netto contrasto con l'armonia di una crescita consapevole e condivisa, cercano in tutti i modi di mantenere le persone in una condizione di pseudo conoscenza, d'incertezza e paura costanti, per poterle ovviamente manipolare meglio e sfruttare ancora di più. Io nel mio piccolo, ho sempre cercato e cerco tuttora di evidenziare le incoerenze dei vari sistemi portando quelle notizie che sono state 'perse' per strada, in parte forse anche in modo intenzionale. Perché guardare il mondo di oggi e poterne sorridere con gioia non è assolutamente una cosa scontata. Sicuramente il più delle volte viviamo preoccupazioni piuttosto che gioie per il presente e viviamo incertezze piuttosto che allegria per il futuro.

Più spezzettiamo la nostra realtà e più tutto ci sembra inafferrabile e irraggiungibile. Più non riusciamo a percepire che siamo in un 'continuum', più abbiamo la sensazione che le cose che ci accadono non abbiano alcun senso e non siano mai al nostro servizio. E' evidente che quando non riusciamo a vedere l'evento o l'accaduto nella sua integrità e interezza, scomponendolo e vivendolo come parti disconnesse di uno stesso puzzle, più tutte le cose che incontriamo appaiono sempre più difficili da cogliere e accogliere così come sono, per cui non ci rimane altro da fare che controllare la nostra realtà, giudicarla per poterci orientare in funzione di possibili scelte future. In questa situazione di fragilità, diventa sempre più difficile distinguere anche tra le cose più elementari e semplici, ciò che ci lascia in pace da ciò che ci perturba.

Ecco rivelata la questione per cui qualcuno, soprattutto oggi in pieno tsunami di manipolazione non solo governativa, possa ancora avere dubbi in merito alla competenza o al livello di coscienza evoluta e al grado di libertà acquisito grazie alla coerenza di molte persone, compresi quei medici in prima linea di provata scienza e conoscenza che non sempre sono allineati con il pensiero unico. Oppure quando un sistema socialmente ed economicamente corruttibile e corrotto trasforma l'amore incondizionato di una coppia di sposi felici per i figli in qualcosa di penalmente rilevante, perseguitandoli solo perché non hanno potuto aderire ad una terapia chemioterapica imposta con la forza.

Eppure basterebbe rimanere in un abbraccio congiunto, così per un attimo tutti insieme, senza giudizio, con umanità e umiltà, per far riapparire come d'incanto la certezza che siamo tutti sempre in uno stesso palcoscenico, dove ognuno è teatrante di sé stesso e dove, nel dispiegarsi della commedia - che in fondo è la vita - ognuno può prendersi il suo posto, partecipare come meglio crede alla vita comunitaria nel rispetto del suo libero arbitrio e della libertà dell'altro cercando di esprimere i suoi talenti, al meglio delle sue possibilità.

Quando un individuo non è più in grado di vivere nel rispetto di sé e della sua verità ha perso, di fatto, la sua capacità di mantenersi libero, perdendo la possibilità di esercitare il suo potere decisionale davanti agli accadimenti della vita. Per questa grave perdita e, non potendo in linea di massima un individuo vivere senza una verità, vera o presunta che sia, prenderà come buona quella che le sarà suggerita o imposta, spesso in modo dogmatico e senza supporti verificabili o, se verificati, sempre verificati dai 'soliti ignoti' partigiani. Com'è possibile dimenticare quel concetto che è sempre stato caro durante i moti rivoluzionari di ogni tempo, dove si evinceva come sia *l'unione che fa la forza*? Bella domanda da farsi, direbbe qualcuno. E la risposta? Qual è la risposta? Si potrebbero usare in questo caso le parole di una famosa canzone di Bob Dylan: "*....e quanti anni devono vivere alcune persone prima che possano essere veramente libere? E quante volte un uomo può voltare la testa fingendo di non vedere? La risposta, amico mio, se ne va nel vento. La risposta se ne va nel vento*".

Sono stati veramente bravi i nostri politici o economisti di turno a disperdere le nostre forze acquisite in tanti anni di estenuanti lotte popolari facendoci credere illusoriamente che il potere dei soldi, del successo e del sesso siano la via più importante e di facile percorrenza per raggiungere la realizzazione di sé! Ecco allora che mi tornano in mente le parole di uno scritto che si perde nella notte dei tempi, ma che sicuramente è ricco e denso di significati profondi:

"*È vero senza errore e menzogna, é certo e verissimo. Ciò che è in basso è come ciò che è in alto, e ciò che è in alto è come ciò che è in basso, per compiere i miracoli della Cosa-Una (di una cosa sola). Come tutte le cose sono sempre state e venute dall'Uno, per mediazione dell'Uno, così tutte le cose nacquero da questa Cosa Unica per adattamento*" (da *Tavola di Smeraldo* di Ermete di Trismegisto).

Proprio così: come in basso così in alto dichiarava con estrema pacatezza Ermete Trismegisto. A noi però, oggi, rimane solo qualcosa di scritto coniugato al senso che possiamo attribuire ai singoli testi, reinterpretandoli alla luce dell'evoluzione dell'uomo e delle esperienze personali che ognuno di noi sperimenta e approccia nella sua vita. A me piace pensare che già a quel tempo, e sicuramente anche prima, si parlasse già dell'Uno con un'accezione e un significato che si avvicina molto al concetto odierno di integrazione olografica. Da un articolo pubblicato su Adnkronos (www.adnkronos.com) del 30 gennaio 2017 si evince come "***Il nostro Universo sarebbe un grande e complesso ologramma**. A mostrare una prima evidenza di quanto già ipotizzato nel 1990 è uno studio internazionale pubblicato su Physical Review che ha coinvolto fisici e astrofisici teorici di Regno Unito, Italia e Canada. I ricercatori hanno pubblicato prove di osservazione che spiegherebbero quindi una visione olografica 2D dell'Universo. Lo studio può aprire nuovi scenari sulla teoria del Big Bang e sulla gravità quantistica, uno dei problemi più profondi di fisica teorica.*

Ad annunciare la scoperta è l'Istituto Nazionale di Fisica Nucleare. Lo studio è stato realizzato da ricercatori dell'Università di Southampton in Inghilterra, della Sezione di Lecce dell'Istituto Nazionale di Fisica Nucleare (Infn) e dell'Università del Salento in Italia, del Perimeter Institute e dell'Università di Waterloo in Canada.

Gli scienziati ora sperano che il loro studio possa migliorare la nostra comprensione dell'Universo e spiegare come lo spazio e il tempo si siano prodotti' spiega l'Infn. Questo lavoro potrebbe portare ad una teoria del funzionamento della gravità quantistica, una teoria che armonizza la meccanica quantistica con la teoria della gravità di Einstein. La ricerca è frutto di un'analisi congiunta di aspetti teorici e fenomenologici della fisica dell'universo primordiale, uniti a studi di fisica delle interazioni fondamentali.

L'ipotesi che il nostro universo funzioni come un enorme e complesso ologramma è stata formulata negli anni '90 del secolo scorso da diversi scienziati, raccogliendo evidenze teoriche in

vari settori della fisica delle interazioni fondamentali' spiega Claudio Corianò, ricercatore dell'Infn e professore di fisica teorica dell'Università del Salento, che ha partecipato alla ricerca insieme ai colleghi Niayesh Afshordi, Luigi Delle Rose, Elizabeth Gould e Kostas Skenderis..... 'Per creare un ologramma - spiega ancora Corianò - si prende un fascio laser luminoso e lo si separa all'origine in due fasci: uno è inviato su un oggetto distante e quindi viene riflesso, mentre l'altro è inviato per essere registrato. Servono due coordinate per indirizzare il fascio incidente sull'oggetto, in modo da esplorarlo completamente, mentre è proprio l'interferenza tra il fascio originario e quello riflesso che permette di ricostruire l'immagine e dare il senso della profondità.
(http://www.adnkronos.com/fatti/cronaca/2017/01/30/studio-conferma-universo-grande-ologramma_L8HrxryBG1KoM96g4O08zI.html)

Questo modo di percepire l'Universo è molto evidente quando osserviamo il mondo della riflessologia nel campo della salute. La riflessologia plantare è un evidenza che nelle piante dei piedi dell'Uomo e probabilmente anche in quelle di ogni essere vivente aggiungo io se non fosse altro per una questione di par condicio, è rappresentato l'intero organismo. Così pure nel viso possiamo individuare dei segni tipici che fanno riferimenti a problematiche organiche. Per non parlare poi della riflessologia della mano, dell'iridologia, delle conoscenze di auricolo-terapia, della lettura e trattamento della zona ombelicale e così via. Ho conosciuto tempo fa una persona straordinaria perché poteva parlare di te senza conoscerti tranquillamente per più di due ore, semplicemente guardandoti la lingua.

Ma la cosa curiosa era che diceva cose sensate e pertinenti sull'individuo oggetto della sua *osservazione linguale*, che durava non più di 2 o 3 minuti. E non era né medico né terapeuta accreditato da qualche Scuola o Ordine! Lui si definitiva semplicemente *osservatore rispettoso della magia della Vita*. Mi ha sempre affascinato pensare che la Vita contenesse in sé qualcosa di magico da poter scoprire strada facendo. Se tutte le cose sono sempre state e venute dall'Uno allora anche la magia lo è. E quel concetto del *così in alto come così in basso* si potrebbe intendere come se la Vita fosse un'integrazione olografica, come si diceva prima. Una rappresentazione che unifica la dualità che esiste tra il mondo della magia e ed il mondo della realtà, almeno così come appare ai nostri occhi: sapendo per certo, che ognuno di noi ha comunque una percezione unica ed evidentemente assolutamente diversa da quella di un suo simile, dunque non sempre scontata da confrontare.

Credo che questo concetto di integrazione tra il magico e la realtà vissuta, sia parte integrante della storia dell'uomo da sempre: questo continuo rincorrersi nella storia di due principi o concetti per capire quale dei due poi fosse il più importante e prestigioso in assoluto. Spirito o Materia? Nel corso dei secoli, l'essere umano è stato attratto, affascinato e spesso ossessionato da queste due forze che i mistici potrebbero definire come trascendenza e immanenza, bene e male mentre per i poeti potrebbero essere l'amore e l'odio e per i filosofi lo spirito e la materia.

L'uomo si è dibattuto tra questi due poli, attribuendo di volta in volta più importanza all'uno o all'altro, talora negando uno la realtà dell'altro: la materia è il male, il corpo è schiavitù, il tempo è illusione. E viceversa, il Cielo non esiste, lo Spirito è mera proiezione, l'eternità un sogno irraggiungibile. Qualche autore ipotizza attraverso degli esperimenti recenti di *Brain Imaging,* che è una tecnica diagnostica per consentire di visualizzare l'attività cerebrale, la scoperta che Dio (non necessariamente quello Cristiano, ovviamente, ma semplicemente un'entità sovrannaturale), la religione e il senso di moralità hanno una base biologica innata generata dal cervello. Sono così comparse nell'orizzonte dei neologismi di ultima generazione le parole "neuroetica" e "neuroteologia" dove si evidenzia come i comportamenti etici e le credenze religiose siano basati su meccanismi neuronali, generati dall'emisfero sinistro. Se mi concedete questa espressione un po' forte, ci sarebbe in ultima analisi una sorta di *centro divino del cervello*, ovvero qualcuno pensa che ci possa essere un Dio in ogni essere umano da chissà quanto tempo. Si potrebbe ipotizzare, giunti a questo punto, che esistano delle credenze che hanno una dimensione universale, come fossero un patrimonio al servizio dell'umanità.

Ma ora torniamo un attimo indietro a definire meglio cosa sia la *magia* che spesso viviamo in contrapposizione a quello che pensiamo essere la nostra realtà. La magia è una *pratica e forma di sapere esoterico e iniziatico che si presenta come capace di controllare le forze della natura; è stata oggetto, in varie culture e nei diversi periodi storici, di valutazioni opposte, ora considerata forma di conoscenza superiore, ora rifiutata come impostura e condannata dalle autorità civili e religiose.*

La definizione del termine magia è stata molto discussa dagli studiosi di storia delle religioni. All'inizio degli studi comparatistici (E.B. Tylor), orientati nel senso di un evoluzionismo assoluto, la m. fu considerata come il tentativo più primitivo di determinare rapporti causali: interpretando mere successioni temporali e associazioni soggettive come nessi causali obiettivi, l'uomo primitivo avrebbe creato una 'pseudo-scienza' per controllare le forze della natura.

Poiché pratiche dirette a promuovere effetti nella natura si riscontrano anche nel campo religioso, J.G. Frazer si pose il problema della differenza tra m. e religione: secondo la soluzione da lui prospettata risponderebbero a due forme mentali opposte, in quanto per la religione il mondo sarebbe retto da esseri personali soprannaturali, cui ci si rivolge con preghiere e sacrifici, mentre la m. presupporrebbe un sistema di forze impersonali su cui sarebbe possibile agire in modo coercitivo; sempre secondo Frazer, la religione sarebbe storicamente posteriore alla m., in quanto sorta dalla delusione umana provocata dai fallimenti delle operazioni magiche" (da www.treccani. it).

Eppure cosa sarebbe la Vita senza un po' di magia? Ho avuto la fortuna, in questi ultimi anni, di partecipare a delle lezioni di Cabala con un grande e prestigioso uomo di nome George Lahy. La Cabala parla di emanazione di luce creativa che poi diventa la chiave della Cabala stessa ovvero l'interazione tra luce (che qualcuno chiama Spirito) e la materia.

I cabalisti sono maestri del 'meraviglioso' perché captano la luce senza l'utilizzo dell'intelletto e tutto diventa possibile. Il cabalista prende una cosa e quando tutti guardano in una direzione, allora lui guarda altrove: è proprio un cambiamento del punto di vista.

In effetti la prima cosa da sostituire quando vogliamo trasformare la nostra vita, potrebbe essere quella di cambiare il punto di vista oppure sostanzialmente quella di ritrovare il corretto posto nel nuovo sistema, cioè avere un nuovo punto di vista sul sistema che è espressione della guarigione stessa. Guarire in fondo potrebbe essere questo cambiamento di paradigma in funzione del punto di osservazione sulle cose e dunque sulla vita. Come capire questo concetto, così semplice ma allo stesso tempo così ostico? Per facilitarci in questo passaggio, potremmo prendere in causa la storia del prestigiatore e del rapporto che potremmo instaurare con il suo spettacolo.

Il prestigiatore, che è maestro del *meraviglioso* facendo giochi di prestigio e dando spettacoli di illusionismo, non è un essere speciale è molto tecnico quando, con abilità e disinvoltura, riesce a trarci in inganno dando intendere una cosa per un'altra.

Innanzi al suo spettacolo possiamo porci essenzialmente in due modi:

1. lo si può guardare in modo scientifico e logico nel senso che sappiamo già che all'interno della sua manualità ci saranno dei trucchi che cercheremo di capire e carpire per cui qui non c'è nulla di meraviglioso, oppure
2. si può utilizzare lo sguardo del nostro bambino interiore che non è interessato a sapere se ci sono degli specchi sul palco perché lui è interessato solo a farsi sorprendere da quel gioco di immagini e movimenti del prestigiatore, aprendo di fatto le porte a quel *meraviglioso*, approfittando della gioia che ne scaturisce e assicurandosi così un senso di grande benessere che è liberatorio e portatore di libertà.

Siamo sempre in contatto con l'immagine di ciò che guardiamo, sapendo e sperimentando che la Vita è solo un gioco di specchi. Va da sé che potremmo ricevere solo quello che emettiamo e proprio per questo motivo tutto all'istante potrebbe cambiare.

Se mettiamo del *meraviglioso* dappertutto, allora questo *meraviglioso* tornerà a noi, così i nostri occhi (che dicono essere lo specchio dell'anima) si illumineranno e lo gioia sarà con noi. Se invece nell'approcciare le incombenze del quotidiano ci mettiamo solo del razionale e del conosciuto, non potremmo accedere a niente di tutto ciò, rimanendo eventualmente incastrati nel controllo e nel giudizio degli eventi stessi, sicuramente scontenti per il fatto di non essere stati capaci di carpire nulla dei *trucchetti* del prestigiatore. Bravo sicuramente a non rivelarli ai nostri occhi, ma sempre e solo trucchetti e nulla più.

Ecco ancora una volta come questo *meraviglioso* contrapposto al *convenzionale* diventano, per un attimo, la contraddizione che aleggia quando si parla di *spirito* e *materia* oppure di *mistico* e *scientifico.* In questo caso manteniamo una dualità che, come sempre, divide piuttosto che unire, disgrega piuttosto che integrare, negando di fatto quell'Uno di cui si è parlato fin dall'inizio. E' vero che questa visione duale della realtà è una condizione peculiare del vissuto dell'essere umano e non certo di appartenenza del mondo animale o vegetale né tantomeno di quello minerale; ma è altrettanto vero che è soprattutto un fatto culturale al quale, l'uomo stesso, non dovrebbe necessariamente sentirsi costretto a sottostare. Restare ancorati a una visione parziale, senza considerare l'opportunità di prendersi il rischio di cambiare il punto di vista, rimane una sfida sia per le generazioni presenti, ma soprattutto per quelle che verranno, alle quali è stato demandato d'ufficio, causa forte negligenza e marcata incompetenza della classe dirigente odierna, il futuro dell'umanità. Diceva il saggio: "Beati i bambini perché sono il futuro del mondo, i protagonisti della storia a venire, il seme di una nuova umanità" .

Se riprendiamo in considerazione per un attimo il concetto di *meraviglioso*, potremmo ridefinire e ritrascrivere intere pagine del nostro vivere quotidiano e di molti scritti alla luce di questo concetto inafferrabile sì, ma allo stesso tempo vivido e reale come tutte quelle volte che ognuno di noi, aspettando

Babbo Natale e fantasticando sui possibili doni in arrivo, si eccitava ed entusiasmava al solo pensiero del venticinque mattina. A prescindere se poi i regali arrivassero o no o se, corrispondessero o no, alle attese. In qualche modo è un po' come la storia del *sabato nel villaggio* dove questa eccitazione quasi spasmodica di realizzare un sogno o un desiderio si ritrova in tutti gli animi di quelle persone attente ed entusiaste piuttosto dei preparativi per la grande festa che per la festa o il risultato della festa stessa. Allora perché è tanto difficile alle volte pensare che tutto quello che accade intorno a noi abbia un senso al servizio della nostra coscienza? Se è vero, come ci racconta la scienza quantistica oggi che noi creiamo la nostra realtà attimo dopo attimo, perché mai non potremmo creare e di conseguenza vivere questa possibilità constatando che tutto quello che ci accade può esprimersi attraverso segnali e sintomi che il mondo accademico descrive chiamandole *malattie*? E se la *malattia* fosse un dono piuttosto che una punizione?

Questo spiegherebbe In modo incontrovertibile l'immensa bontà di quella Forza Creatrice che ha generato l'universo, visibile e invisibile. Quale divinità, incondizionatamente amorevole nei nostri confronti, potrebbe mai sferzare un attacco così duro e violento verso un genitore, come quello di arrivare a strappargli il figlio con un cancro al cervello all'età di due anni? Cosa del resto appena accaduta proprio dalle parti in cui vivo. Eppure di bimbi che muoiono di cancro in tenera età ce ne sono e non sono neanche così pochi. Come spiegare tutto questo, senza perdersi o cadere nella retorica di una pace perduta? Una possibilità potrebbe essere sicuramente quella di poter pensare che ci sia un senso dunque un messaggio che si cela dietro la realtà di queste esperienze così difficili da accogliere. Se poi effettivamente fossimo anche in grado di creare la nostra realtà, perché non dovremmo farlo in modo da semplificarci e alleggerirci il vivere del nostro quotidiano?

"Sarebbe tutto più semplice poterla pensare così" - direbbe qualcuno, urlando dietro le quinte di quel famoso palcoscenico, che è la vita. E subito dopo, ecco arrivare la risposta del regista che certamente non si fa attendere: *"Allora sceglila, ovvero pensala così come hai detto: se fai in modo di pensarla come piace a te, la potrai anche vivere allo stesso modo in quanto tu sei l'unico creatore della tua realtà in ogni momento"*.

A parole sembra sempre tutto più facile di quello che appare. Il problema in effetti si evidenzia quando si cerca di vivere e mettere in pratica questi concetti pensati a voce alta; l'importante sarebbe di cominciare almeno a pensare che sia così e sperimentare questa nostra creatività sottile, per portare in coscienza le nostre prerogative e capacità di interazione con la Vita. A tal proposito vorrei raccontarvi una storia interessante che fa riferimento all'etologia e che ho sentito per la prima volta da Gerard Athias. E' la storia del cucciolo di scoiattolo e di quale potrebbe essere il senso di avere la febbre alta. In altre parole per capire il perché di un'alterazione della temperatura corporea, faremo riferimento al linguaggio degli animali.

Formidabile e divertente solo il pensare di poterla raccontare. E tu lettore, se a questo punto dell'articolo non hai ancora capito molto di quello che hai letto, prosegui senza titubanze perché sei ancora probabilmente libero da pregiudizi e capace di cogliere con apertura d'animo ed entusiasmo le parole che seguiranno. Mentre tu, lettore attento, che hai pensato di aver capito tutto, continua lo stesso senza titubanze perché è bene che *"Lasciate perdere la certezza. Il contrario non è l'incertezza. E' l'apertura, la curiosità e la volontà di abbracciare il paradosso, invece di scegliere l'ovvio. La sfida finale è quella di accettare noi stessi esattamente come siamo, ma senza mai smettere di cercare di imparare e crescere"* (Tony Schwartz).

E' risaputo che uno dei predatori dello scoiattolo è il serpente. In questa ottica, per la legge della sopravvivenza, mentre lo scoiattolo cercherà di salvarsi la vita escogitando risorse inverosimili pur di fuggire al nemico mortale, il serpente, allo stesso modo, cercherà di adattarsi alle varie situazione che incontra con il fine di mangiarlo per vivere. Bisogna sapere che la maggior parte dei serpenti è cieca così hanno dovuto sviluppare a livello delle fossette nasali un nervo che è molto sensibile ai raggi infrarossi che un tempo erano usati per la ricerca anche del cancro. Il serpente ha sviluppato questo nervo che è divenuto capace di valutare delle differenze termiche in funzione dell'approvvigionamento del cibo, funzionale alla sopravvivenza.

Gli etologi, coloro che si occupano dell'osservazione degli animali, si sono resi conto che gli animali che erano più facile preda di questi serpenti, erano proprio i cuccioli di scoiattolo in quanto non avevano la stessa temperatura corporea rispetto a quando sarebbero diventati adulti: in effetti la loro temperatura era inferiore di qualche grado. Per questo motivo, il serpente sa sempre dove si trova il cucciolo di scoiattolo, ed è come se nella sua testa lo vedesse a colori: l'oggetto visto in blu (ovvero quello più freddo alias cucciolo di scoiattolo) posso cacciarlo per poi mangiarmelo mentre l'oggetto in rosso (ovvero quello più caldo alias scoiattolo adulto) è meglio lasciare stare. Questa modalità è il modo con cui il serpente vede il mondo. A forza di farsi predare, lo scoiattolo ha sviluppato un sistema di difesa. Il cucciolo cos'ha imparato a fare, dunque, per fuggire da questo triste destino?

Il suo istinto farà aumentare intelligentemente la temperatura del suo corpo in modo da far credere al suo acerrimo nemico, di essere adulto. Questo è geniale perché nella lingua del popolo, memore di quello che mi raccontava la nonna, quando i bimbi sono malati, le madri sono angosciate e le nonne, quasi sempre rassicuranti, esprimono esattamente questo principio vitale di adattamento dello scoiattolo: "*Non è niente, stai solo crescendo!*". Stranamente, queste vecchie e sagge signore, hanno ragione. Un bambino che ha la febbre ci racconta che ha una difficoltà a difendersi, come il cucciolo dello scoiattolo. Così, quando si sente in pericolo di vita, il cucciolo chiama la madre; ma se lei non è raggiungibile perché magari è andata a cercare del cibo per sfamarlo come ha fatto la mamma scoiattolo, in questo preciso momento la miglior soluzione per lui sarà di far alzare la temperatura corporea. Così potrebbero fare anche i nostri figli quando si sentono in pericolo dicendo o pensando addirittura qualcosa del genere: "*Quando sarò grande, vedrai!*". Il cervello dunque potrebbe utilizzare questo semplice linguaggio corporeo per realizzare una via di fuga: per fare esattamente come se fosse già grande. E questo linguaggio è la febbre!

Qui la situazione si fa veramente interessante. Il cucciolo è come se dichiarasse: "*Voglio mia madre perchè non riesco a difendermi e sono troppo piccolo per affrontare in modo adeguato questo problema*"; ed è proprio in questo momento che possiamo comprendere l'utilità delle parole usate in una frase che se consegnate al bambino saranno una risorsa di consapevolezza e coscienza che gli permetteranno di affrontare al meglio le varie situazioni che incontrerà. Che cosa succederà in seguito? Non si sa. Ma non sarà sicuramente neanche per quello che gli abbiamo suggerito, che a scuola il ragazzino non si farà più impaurire dai compagni. Il nostro suggerimento potrebbe dargli la possibilità di prendere coscienza della qualità e della lealtà della relazione con i compagni. A questo punto toccherà a lui e solo a lui cambiare il suo rapporto con gli altri, lavorare sulla sua paura, perché solo così la malattia potrà sparire. Peccato però che non tutte le febbri sono dovute a questo motivo, evidentemente!

Bisogna capire che l'interpretazione degli eventi si compie in una situazione specifica e peculiare per il soggetto osservato: medicalmente parlando, una febbre dovuta ad un mal di gola non avrà la stessa storia di una febbre dovuta ad un'infezione ai reni. Ci sarà sicuramente una causa per questa febbre, anche se è possibile avere dei mal di gola senza febbre e delle infezioni urinarie senza febbre. Ma anche questa è un'altra storia.

Introduzione

*"Ogni cosa che facciamo o che ci capita ci cambia un po'.
Persino inciampare per strada."*

- Al Jarreau -

Sorridere alla Vita non è mai stato così difficile per me, anzi. Malgrado le difficoltà incontrate soprattutto nelle fasi iniziali della mia esistenza, mi sono sempre chiesto come mai sono quasi sempre riuscito (questo è un quasi doveroso, direi) a mantenere questa cordialità reverenziale e rispettosa per la Vita stessa e per tutti i suoi accadimenti; compresi i personaggi che mi hanno in qualche modo coinvolto, molto spesso accarezzandomi, quasi con dolcezza reverenziale. Beh, signori della corte, che voi lo crediate o no, ho trovato sempre più spesso un'unica risposta: l'amicizia. In realtà, parlo dell'esperienza dell'amicizia ovvero lo sperimentare il rapporto con l'altro, come un qualcosa da accogliere semplicemente così com'è, senza giudizio ovviamente quando ci si riesce, anche se non sempre siamo in grado di riuscirci. E questo perché l'incontro con l'altro, cioè quello che non sei tu, parla comunque sempre e solo di te, di come e cosa dovresti portare in coscienza, per riconoscere la meraviglia che sei e per comprendere come, il tuo cammino in questa terra, è unicamente un cammino alla scoperta della Luce che siamo e della Gioia che risplende dentro e attraverso di noi.

Se guardo poi questo mio cammino terreno posso solo costatare e non posso certo lamentarmi del fatto che l'abbondante presenza del femminile nella mia vita è sempre stata una grande risorsa per la mia crescita, supportandomi nel mio ancoraggio alla vita stessa. Ebbene sì, le donne sono sempre riuscite a tracciare un solco indelebile nella mia anima un po' ribelle, giusto per usare un eufemismo. Eppure, alla mia nascita, è venuta a mancare mamma: una donna dolce ma autorevole (così mi è stato raccontato) e, allo stesso tempo, una donna esile ma allo stesso tempo forte.

Così, facendomi portare dalla Vita, mi sono fatto guidare da questa giustizia primordiale: la definirei così questa giustizia, perché alle origini, non ci sono mai state grandi regole da seguire e tutto era già tracciato in modo saggio e convenientemente evolutivo. Insomma, una giustizia che da un lato ti toglie per farti conoscere e farti fare l'esperienza della mancanza, per poi tornarti sempre tutto l'ipotetico maltolto con gli interessi. Nel momento in cui sei in grado di riconoscere l'illusione di quella mancanza, la utilizzi per codificare molteplici esperienze personali e professionali.

Ho imparato a osservare la vita attraverso tutto ciò che mi circonda e che incontro nel cammino e che diventa inevitabilmente una parte attiva di quello che sono, soprattutto nel momento in cui, coscientemente o no, integro queste esperienze e le faccio diventare parte della mia verità e della mia realtà. Tra questi incontri ravvicinati di chissà quale tipo, potremmo annoverare sicuramente anche i comportamenti delle persone incontrate, così diversi per tipologia e originalità.

A tal proposito, vorrei focalizzare in questo momento la mia e la vostra attenzione su un fatto che trovo a dir poco sorprendente: ovvero di quante volte mi sia imbattuto durante una funzione religiosa, messa o altra cerimonia che sia, in persone, prelati o auditori che fossero, mentre parlavano della validità ineludibile dei principi di giustizia, accoglienza e fratellanza e di come non si possa vivere nell'imbroglio, nella riluttanza della diversità ovvero nell'odio razziale. Dobbiamo vedere l'altro come una parte integrante e necessaria del nostro mondo in quanto figlio, come noi del resto, di un Dio creatore dell'universo e del Tutto.

Ma poi, uscendo da quell'immagine così paradisiaca, non ho potuto costatare la completa realizzazione di tutto quel *ben dire*, anzi. È come se la gente, per il semplice fatto di frequentare certi luoghi, avesse automaticamente l'accesso alla credenza di poter riuscire a vivere una fede profonda e sincera. Eppure, anche se la gente prega in modo continuativo e assiduo, non è detto che poi riesca a viverla questa fede, che in qualche modo parla di un abbandono incondizionato alla Vita stessa e di una certezza assoluta dell'esistenza di un Dio, cristiano o altro che sia. Eppure altre volte, quando rivolgo lo sguardo, ad esempio, ai contadini soprattutto a quelli di un tempo passato, mi rendo conto che ho potuto e posso ancora percepire la densità della loro anima e del loro sguardo rispettoso e sorpreso, al cospetto della forza della Vita che chiede loro semplicemente di abbandonarsi umilmente, per intercessione della fede stessa e senza alcuno sforzo. Poiché di lì a poco, avranno la possibilità di ricevere, senza ogni ragionevole dubbio, il frutto del loro impegno con la Terra. E loro sapranno o dovrebbero come minimo saper accogliere questo frutto, senza giudizio, così com'è, qualsiasi forma o gusto possa avere. Tutto questo anche se i contadini non sempre vanno in chiesa, ma sono sicuramente gente capace di 'pregare', rivolgendosi, come san fare solo loro, alla Vita o al loro Dio con grande intenzione, efficacia e rispetto.

Troppo spesso ho anche visto gente laureata perdersi nei meandri di una mente troppo annebbiata dal successo, alla ricerca estenuante di potere non solo economico, tanto da doversi smentire spesso e volentieri un attimo dopo aver fatto delle dichiarazioni, apportando giustificazioni così assurde da aggiudicarsi il guinness dei primati in qualità di arrampicatori sullo specchio. In fondo questa tipologia di personaggi in cerca di gloria per sé, mancano di quella coerenza che è garante del buon vivere comune e di una condivisione imparziale. Allo stesso modo, altre volte, ho invece potuto assaporare la chiarezza delle persone semplici di spirito, che riuscivano a vedere al di là delle apparenze, senza aver bisogno di ripetute prove a suffragio, grazie alla fiducia, o fede che sia, in relazione alla Vita.

Troppo spesso ho visto ancora uscire dalle Chiese le persone, dopo una funzione di preghiera, con ancora il peso del disagio della vita quotidiana e con ancora la rabbia per una suocera o un capo ufficio indisponente (le persone a cui si fa riferimento non sono assolutamente casuali ma appartengono a certi luoghi comuni), che appesantisce la loro anima e il loro intercedere nel cammino della vita; mentre posso ancora vedere il contadino mansueto e fiducioso, sorridere e compiacersi dei frutti ricevuti dal raccolto, vivendo la certezza assoluta che così è oggi, come lo è stato ieri, ma così sarà anche domani e così per sempre.

In effetti, chi potrà mai garantire un buon raccolto ad ognuno di noi, prima che il vento e la pioggia possano esprimere la loro forza e potenza, sorvolando e penetrando la terra? Anche solo passando frettolosamente al nostro cospetto, questi eventi naturali, sapranno sempre chiederci il giusto rispetto che si deve a un'energia così imperiosa, ma al tempo stesso accogliente, tanto da permetterci di renderci partecipi del fluire dell'universo. A questo proposito ci omaggiano anche di una tenera brezza che ci accarezza il volto e di qualche goccia di rugiada che al mattino, depositandosi sulle nostre spalle, purificherà la nostra anima.

Chi può sapere più del contadino, in merito a cosa ci può riservare la Vita attraverso il suo tocco, se non il bambino che siamo stati e che ancora si nasconde impaurito nei meandri del nostro essere, quando ancora ignaro della struttura sociale limitante e limitata che lo sta forgiando, sa giocare e sognare liberamente con e di draghi fantastici, dove tutto è possibile 'qui e ora' e per l'eternità?

Qualcuno suggerirà giunti a questo punto che basterà ricontattare quest'anima che siamo e di cui evidentemente abbiamo già fatto esperienza, risvegliandola e facendole vedere che tutto quello aveva sognato ieri, può realizzarsi oggi nella gioia. E poi ci saranno sempre e ancora nuovi sogni, a patto che ci permettiamo di rimanere disponibili a metterci in gioco in ogni momento, sempre rispettosi della nostra verità, in completa accoglienza della realtà nel nostro quotidiano, senza giudizio e con la consapevolezza che solo una volta che ci siamo autorizzati ad accogliere gli accadimenti della vita, potremmo veramente essere liberi di trasformali, assumendoci, di fatto, tutta la responsabilità della vita e della meraviglia che siamo.

Abbiamo visto che la fede, dunque, come principio salvifico della nostra anima, non sia propriamente così semplice da comprendere e vivere nel quotidiano. "Senza la fede, tesoro, la vita è più dura e difficile" mi diceva nonna Domenica. Eppure non cercava di passarmi questo concetto in modo passivo: lei viveva la sua fede, abbandonandosi incondizionatamente all'amore di quel suo Dio che l'aveva accompagnata ad accettare e superare le avversità della vita: perchè è proprio questo che lei ha cercato di trasmettermi e l'ha fatto in modo esauriente e sempre congruente con il suo fare. Così ogni volta che mi ammalavo lei era presente con la sua fede e alla mia solita richiesta "Nonna, perché mi ammalo sempre io?", lei con pazienza e la calma di chi conosce e vede al di là delle apparenze, mi rispondeva così "Tesoro, è Dio che vuole questo per te. E vedrai che, una volta guarito, sarai più forte e maturo".

Tutto aveva un senso per lei, anche l'imponderabile ovvero ciò che la nostra mente non riesce ad afferrare razionalmente. Ed io, di malattie da bambino, me ne sono fatte tante: tutte quelle che si definiscono 'esantematiche', senza farmi mancare nulla in questo contesto così come in altre situazioni, non ultimo anche un coma acetonico per eccesso di.... cioccolato.

Come si fa a nascondere del cioccolato ad un ragazzino goloso praticamente irrefrenabile nella sua ricerca spasmodica di dolci? Quasi impossibile!

Ma cosa c'è di straordinario in questa capacità di accogliere la vita senza condizioni di nonna Domenica? La capacità peculiare di questo modo di vedere la vita attraverso gli 'occhi della fede' che giudica il meno possibile o quantomeno valuta il giusto indispensabile, in quanto, anche lei apparteneva a pieno titolo alla categoria 'essere umano' con annesse e connesse debolezze e virtù.

C'è un altro detto poi, più che famoso, che sostiene: "Vai con lo zoppo e impari a zoppicare…". Se è vero questo, però, dovrebbe essere vero anche il suo contrario cioè che se "Vai con chi non giudica, impari a non giudicare…..". E così da nonna Domenica e zia Lea sono riuscito ad apprendere, almeno in parte, questo modello di adesione alla visione della vita, aperto ad una certa tolleranza, che è una forma di capacità adattativa che rende le situazioni meno pesanti di quello che potrebbero apparire ad occhi che usano di abitudine filtri legati al rancore, alla rabbia e all'ingiustizia.

Ma cosa c'entra il giudizio con la nonna, la zia e con le persone che incontro nel mio studio o a qualche seminario o conferenza? L'intento per me, fin dall'inizio, era di poter esprimere con chiarezza agli altri, come il giudizio renda gli eventi della vita e gli incontri con gli altri sempre più pesanti da gestire rispetto a quelli che potremmo sperimentare senza quel peso che spesso è ispirato dalla necessità di metterci nel controllo che alle volte può sfociare nell'ossessività. Come far capire questo passaggio con semplicità? Un passaggio che non nega l'esistenza e la possibilità di poter giudicare le cose, ma che permette di comprendere quali siano e cosa comportino i nostri giudizi, frutto delle nostre credenze; giudizi, che cristallizzano una certa energia potenziale che stiamo sperimentando e che si trasforma, diventando all'istante la nostra realtà concreta.

Così racconto a queste persone delle storie e alle volte disegno anche qualche foglio, per illustrare alla componente visiva conscia e inconscia del nostro cervello, come si può cambiare lo sguardo sull'esperienze che stiamo vivendo, senza sforzo ma con semplicità e precisione. Potreste anche voi prendere spunto da queste mie considerazioni e suggerimenti che riguardano il giudizio, ne sarei solo onorato. Prima di passare ai racconti però cerco di portare la persona a comprendere quale sia il loro risentito in merito gli accadimenti della vita: esiste per loro solo la casualità oppure c'è un disegno nella vita? E ancora: sono disposti a credere che non ci sia alcun senso negli eventi del divenire quotidiano oppure sanno in fondo al loro cuore che c'è un qualcosa, un destino che in molte occasioni viene identificato in un dio che passeggia al nostro fianco sempre in incognito? Eh sì, perché questo può fare la differenza nella vita di ognuno di noi. Importante a questo punto è anche sapere che quando usiamo la parola fede nella sua accezione etimologica non necessariamente deve essere impregnata e condizionata da un fattore di tipo religioso.

1. Il Nutrimento essenziale della Vita

"L'esistenza è uno spazio che ci hanno regalato e che dobbiamo riempire di senso, sempre e comunque"

- Enzo Jannacci -

Brutta gente
Enzo Jannacci

Mettere tante divise,
servire tanti padroni,
scappare quasi sempre in posti sbagliati,
recitare troppe preghiere,
e vedere che intorno c'è sempre,
c'è sempre troppa, una strana allegria,
superbia piena di malinconia,
degli uomini ubriachi in miniera.
E poi mercanti vestiti di lino
che non potranno mai capire,
che non sapranno ascoltare
il canto delle osterie.
E' brutta gente che cammina
e va sporcando la terra.
E' brutta gente che cammina
e va sporcando la terra.
E dappertutto vedere
gente che guarda stupita
come mosche intontite
che non vedon neanche la torta
e conoscon solo la fretta
ma neanche un giorno di festa,
E se c'è il vino bevon il vino,
e se non c'è il vino, pazienza.
E' brutta gente che cammina
e va sporcando la terra.
E' brutta gente che cammina
e va sporcando la terra.
E un giorno, un giorno come un altro
credono di addormentarsi
senza capire che c'è sopra
c'è sopra un metro di terra".

Mi accorgo che sempre più spesso comincio gli incontri con i miei pazienti chiedendo loro se siano cattolici o a quale religione facciano riferimento nella loro esistenza. La risposta il più delle volte è confusa e quasi balbettante. Qualcuno, ad esempio, mi dice: "Si, ma non frequento la Chiesa (ndr. spesso in relazione alla partecipazione delle funzioni religiose)". Mentre altri prendendo tempo, si limitano a dire: "In qualche modo sì". Veramente credo che siano sempre di più le persone che esitano a rispondere a tale richiesta e molto probabilmente solo perché non hanno mai cercato veramente di dare una risposta a questo quesito. Allora per incontrarli in modo più efficace nella loro difficoltà e inadempienza, aggiusto il tiro e riformulo la mia richiesta, dicendo qualcosa che suona un po' così: "Chiarisco la mia domanda e le facilito la risposta: lei ha fede in una religione e al suo Dio a cui fa riferimento questa religione?" oppure posso dire "Le faccio questa domanda per capire quale sia il linguaggio più funzionale con il quale mi relazionerò con lei dialetticamente, per poter continuare ad esprimere certi concetti che vorrei esporle in modo congruo assecondando però il suo sentire, riducendo così al minimo eventuali problematiche interpretative. Avendo piena coscienza che la stragrande maggioranza delle persone, farà riferimento quella cattolica, cristiana o buddista.

La risposta a questo punto, tende a diventare sicuramente più fluida e meno tentennante, anche se ancora poco chiara e mal definita. Come se le persone facessero fatica a spiegare, a loro stesse, cosa sia per loro la fede o i valori di riferimento e di appartenenza a questa fede, qualsiasi essa sia.

Lungi da me, in questo momento di condivisione con le persone sull'argomento *fede*, la minima pretesa di fare un saggio su cosa sia, nella realtà, la fede e come la si possa vivere; anche perché si dovrebbe quantomeno accennare cosa si intenda per realtà, sapendo che esiste una sola e unica realtà per ogni essere umano sulla faccia della terra. Eppure, ancora una volta, le risposte a tale quesito hanno un sapore quasi mai ben definito, anzi. Spesso, molti di loro cominciano la risposta dicendo: "La fede è credere che........". E qui, di solito, li interrompo quasi subito, facendo notare che forse il loro pronunciare la parola 'credere' non necessariamente ha a che fare con la loro fede, se non altro da un punto di vista etimologico. Si legge nel dizionario italiano *Sabatini Coletti* che la *fede* sia un "*Adesione religiosa a una verità rivelata, non sensibilmente tangibile*", mentre per il *credere/credo* s'intenda un "*Reputare, ritenere, giudicare qualcuno o qualcosa in un certo modo*".

Se penso invece alla mia esperienza con relativa interpretazione personale, in riferimento al significato di queste due parole, ovvero avere fede e credere, mi viene da pensare in questo modo: è vero o no che quando dichiariamo di credere in qualcosa, diventa quasi automatico giustificarsi nel merito, utilizzando di fatto altre parole che in qualche modo dimostrino e portino chiarezza sul perché di questo credo, quasi ci costringessimo a dover addurre una sorta di giustificazione? Per esempio: "Credo che tu sia una brava persona........ perché sei gentile e paziente con i bambini e così via" oppure "Credo che tu sarai una buona insegnante....... perché sai rispettare i bambini nella loro ricerca di sé stessi e così via".

1.1 La coscienza ci rende liberi

Ho piena consapevolezza di non avere alcuna verità migliore di quella degli altri da poter esprimere e tantomeno esportare, né alcuna velleità nel convincere qualcuno a prendersi carico dei miei pensieri e delle mie valutazioni riguardanti la fede e il credo/credenze. L'unico intento qui, se mai ce ne fosse uno, è quello di poter offrire della chiarezza, in altre parole mettere un po' di ordine in quei pensieri, che sono onnipresenti nella nostra vita, ma che alle volte facciamo fatica a masticare e fruirne senza sforzo. Pensieri che si esprimono unicamente su un piano puramente teorico, ma che difficilmente trovano un riscontro congruente e fattivo nel vivere quotidiano. Come viene espresso in modo preciso nel famoso detto: "*Tra il dire e il fare c'è di mezzo il mare*"

Ed è proprio la gente che incontro con una certa frequenza non solo nel mio studio, che spesso dichiara la propria difficoltà nell'esprimere questi concetti, vuoi per difficoltà intrinseche di comunicazione nell'affrontare certi contenuti, vuoi per una sorta di timidezza emotivo-spirituale. Gente che è sopraffatta nel quotidiano da quella continua e, quanto mai necessaria, richiesta di sopravvivenza, tipica dei nostri tempi e che purtroppo sempre più spesso non ci permette di alzare la testa, per offrire ai nostri occhi la possibilità di incontrare la bellezza e la profondità dell'universo che ci circonda. Un universo che ci è stato donato con amore, affinché possiamo sperimentarlo con meraviglia e nella gioia.

Mi rendo conto che nel mio esporre questi concetti, di qualsiasi natura essi siano, ho la tendenza a semplificare, utilizzando esempi che qualcuno potrebbe definire quasi banali e che spaziano dalle arti culinarie a quelle ludiche. Così mi confronto con queste persone, utilizzando delle immagini che disegno personalmente, davanti a loro nel mio studio e che spesso propongo loro in modo che diventino una testimonianza attiva nella loro memoria, col fine ultimo di supportare e sopportare nel futuro i tempi e i momenti più difficili del loro cammino esistenziale.

In fondo la vita è semplice, anche quando appare ai nostri occhi impraticabile perché, come diceva il Piccolo Principe di Antoine de Saint-Exupéry: *"l'essenziale è invisibile agli occhi. Non si vede bene che con il cuore".* Ma questa modalità percettiva, non è sempre la più facile da utilizzare nel quotidiano. E questo la dice lunga su come siamo bravi molto spesso a rendere le cose più complicate di quello che sono, anche là dove tutto sarebbe così semplice e 'visibile', ma soprattutto accessibile. In fondo sarebbe sufficiente poter riconoscere in ogni istante, possibilmente facendoci sorprendere, la nostra capacità innata di saper vivere nuovi spazi e dimensioni esistenziali con coscienza - giacché questi spazi appartengono da sempre alla natura umana che è unica, singolare ed è Uno con il Tutto – che non ci sarebbe più alcun limite nel realizzare i nostri sogni e facendoli così diventare all'istante la nostra realtà.

Per le persone che hanno la sacrosanta capacità di possedere una vera fede, cristiana o di altra religione che sia, dovrebbe essere invece piuttosto facile affrontare i vari eventi della vita con una certa disinvoltura. Così almeno è quello che mi hanno sempre indicato le persone che mi hanno guidato fino a questo punto: in prima linea come sempre zia Lea e nonna Domenica e poi a seguire papà Pietro, mio fratello Claudio, zio Sergio, zio Pierino e tutte le persone che si sono affacciate, chi per qualche attimo - anche se intenso - chi per più tempo, sul percorso che mi ha permesso di essere qui ora, dove mi trovo. Posso solo ringraziare la loro presenza per tutto quello che ieri è stato e sono stato, quello che oggi è e sono e quello che domani sarà e sarò.

Beh, se devo essere sincero, ho trovato veramente poche persone "di fede" come Domenica e Lea. Poiché, anche quelle che si dichiaravano tali, spesso, chiacchierando qualche minuto, riconoscevano da sé medesime le loro incongruenze dialettiche riferibili alla loro ipotizzata fede, convenendo però in seconda istanza che effettivamente in qualche modo quel sentimento di fede, acquisito molto probabilmente ai tempi del Catechismo, non aveva attecchito più di tanto, anzi.

Vuoi un po' per il disgusto che si può far risalire al comportamento della Chiesa Cattolica e Apostolica e degli umani che ne fanno parte (leggi: pedofilia, pornografia, atti di copertura e irresponsabilità, potere manipolativo, Papi che sono stati suicidati, etc.). Molte persone riconoscevano questa discontinuità con il loro passato di apparente solidità religiosa e ne rimanevano quasi attoniti, increduli e rassegnati.

Eppure sapevano già da molto tempo che le cose erano profondamente cambiate per quanto riguardava l'ambito del proprio credo rispetto ai tempi iniziali. Ma tra il dire e il fare c'è sempre di mezzo quel famoso mare di cui sopra, può sempre accadere di essere in grado di *percepire* che qualcosa non è più *al suo posto,* senza riuscire però a portare alcuna correzione. Per fare questa operazione è indispensabile poter nominare questo disagio, atto quest'ultimo necessario e non trattabile; per riuscire a trovare delle soluzioni appropriate e per portare questa conoscenza in coscienza per la sua trasformazione.

Quello che veramente ci differenzia dall'animale comune come ben si sa, è proprio la coscienza. Quella coscienza che ci permette di scegliere e, di conseguenza, ci mette nella condizione di essere responsabili di quello che facciamo e di quello che siamo, prerogativa indispensabile per riconoscere e vivere a pieno titolo quel principio denominato libertà.

Avremmo la possibilità di tornare sicuramente su questo concetto di libertà e responsabilità perché in ultima analisi questi due principi sono indissolubilmente connessi visto che solo attraverso la responsabilità del riconoscere la meraviglia che siamo abbiamo la possibilità di aderire e vivere la nostra libertà. In effetti, è proprio questo principio di libertà che ci permette di assaporare quel senso di responsabilità che allontana da noi il peso di quel senso di colpa, così forte nella nostra esistenza, giacché originato in tempi non sospetti e impenetrabili: riferimento quest'ultimo al *peccato originale*, peccato che dovremmo espiare, volenti o nolenti secondo alcuni, vivendo spesso una vita che non sempre è quella che vorremmo per noi ma che, sempre di più invece, disattende le nostre aspettative e i nostri sogni, depistandoci di fatto dalla nostra verità e dalla nostra vera essenza spirituale.

Libertà che come dice bene Pierangelo Bertoli nel suo pezzo *Dal vero* è poter dire in ogni momento che "*fino a quando lo vorrai ti vorrò vicino a me e l'inverno sarà caldo accanto a te*".

1.2 Il cammino di vita è un cammino di apprendimento

Eccoci quindi attraversare la nostra vita utilizzando percorsi, più o meno impervi, con l'inevitabile opportunità di incontrare tutti gli eventi che sono fondamentali per la nostra evoluzione. Invito le persone ad immaginarsi nel loro *cammino* e di poter incontrare ad un certo punto dei fiori o qualsiasi altra cosa che abbiano piacere di entrare in contatto.

Per poter utilizzare un linguaggio facile da comprendere e per creare una buona comunicazione, chiedo a chi incontro se sono cattolici o no. Così so se posso usare nel mio lessico la parola Dio oppure no o se è meglio piuttosto parlare della Vita come forza creatrice del Tutto piuttosto che la parola Signore della Luce, Maometto, etc. In fondo ci sono così tanti tratti comuni tra le varie popolazioni e credenze che identificano questa forza immanente e creatrice, che con un po' di buona volontà possiamo riunificarle nella nostra mente in una unica entità, impalpabile e invisibile, ma viva.

Una volta che ho chiarito e mi sono accordato sulla terminologia, sintonizzandomi sull'energia delle credenze della persona, comincio a chiedere quale potrebbe essere il fiore o l'oggetto che vorrebbero trovare davanti ai loro occhi, per fare in modo che, in questo viaggio che propongo, abbiano la possibilità di trovarsi al massimo del confort: solo allora si potrà cominciare in tranquillità:

"Immagina di incontrare, a questo punto, questi fiori che ti piacciono tanto, magari le puoi anche annusare oppure solo guardare. Di cosa parlano questi fiori? Della bellezza della vita e del suo creatore? Per questa ragione potrebbe essere che il tuo sguardo interiore si rivolga in alto, alla fonte della Vita, in segno di ringraziamento (abbiamo qui preso l'esempio dell'incontro con una persona di credenza cristiana, solo a titolo esemplificativo)?"

Facendo così invito la persona a riconoscersi in questa descrizione. Spesso è proprio questa la condizione che si manifesta. Se non fosse così, però, andrei a cercare altre parole con cui la persona possa identificarsi, parole che comunque ripropongano lo stesso concetto: essere in qualche modo riconoscenti a quell'entità, che noi valutiamo essere in qualche modo un essere superiore.

Caro lettore, sarebbe possibile per te fare altrettanto? Nel senso che sarebbe interessante se solo tu potessi metterti nella condizione di fare virtualmente questo viaggio, in questo momento, seguendo le indicazioni che seguiranno. Vuoi e puoi metterti in gioco? Confido nella tua capacità di farti sorprendere dalla vita e da tutte le cose che incontri, se non altro per il fatto che ti sei abbandonato alla lettura di questo libro, sicuramente diversamente tradizionale per una platea generalista e spesso giudicante.

Allora *"Siediti comodamente o distenditi in un posto confortevole con occhi aperti o chiusi, come preferisci, e immagina di camminare per la tua strada nella vita e di incontrare quei famosi fiori che adori (se sei un chitarrista va benissimo anche una Gibson Les Paul o Stratocaster) o qualsiasi cosa che vorresti incontrare, ma che ti faccia veramente piacere. Sarebbe bene che tu potessi anche sentire della gioia in riferimento a questo incontro da qualche parte nel tuo corpo e godere di ciò"*.

A questo punto, si invita la persona a sentire se avesse voglia di ringraziare la sua Entità di riferimento per questo stato di benessere e per questo bel regalo (fiori, Gibson o altro che abbia scelto) a prescindere che la persona sia cattolica o no. Abitualmente, almeno in Italia, anche se la persona non è cattolica, ha comunque respirato è vissuto questa idea di un Dio creatore che ci ama senza condizioni e di cui noi siamo i suoi figli, generati da lui stesso a sua immagine e somiglianza. Per cui diventerà più facile proseguire con semplicità e senza intoppi. Allora si potrebbe, senza indugio continuare la nostra esposizione in questo modo....

"Con questa sensazione gioiosa dentro, spesso accade di voler ringraziare qualcuno per questa opportunità, non credi? Allora, come da consuetudine, potresti alzare gli occhi al cielo per incontrare Lui, il creatore di questo universo che conosci e forse anche di altri che non conosci, per onorarlo e ringraziarlo di tutto questo 'ben-di-dio' che ti è stato messo a disposizione.

E ti verrà forse voglia anche di riconoscere che, se lui è stato così generoso con te, è solo perché in qualche modo te lo meritavi per essere stato un suo fedele servitore, sempre o quasi sempre attento alle sue indicazioni tanto da privarti in certe occasioni di alcune tentazioni, non proprio così facilmente rinunciabili. Poi, di quel gran dono, è possibile che tu ne faccia subito qualcosa: con le rose, per esempio, potresti farne una marmellata o semplicemente godere della loro essenza; della chitarra potresti suonarla o metterla edonisticamente in mostra. Qualsiasi cosa tu abbia scelto, gioisci di questa sperimentazione, soprattutto grazie alla semplicità che caratterizza il tuo bambino interiore che si lascia sorprendere dalla molteplicità delle opportunità che gli sono state offerte".

E poi?

"Il cammino continua, così dopo un certo periodo ti trovi davanti una montagna....... di 'merda' (mi scuso per la piccola volgarità: avrei potuto dire anche cacca, ma non avrebbe avuto la stessa efficacia, sei d'accordo? Cosa fare a questo punto? Ma soprattutto, cosa è successo tutto ad un tratto, da farti ritrovare davanti a tutta questa 'merda', senza capirne il perchè? Eppure hai continuato a comportarti sempre allo stesso modo, distinguendoti per generosità, altruismo e abnegazione. Si, perchè sono questi i pensieri che sopraggiungono in queste occasioni, abbinate oltremodo a sensazioni di stupore e sconforto. La domanda madre che ti potresti fare è esattamente questa: ma cosa ho fatto di male per meritarmi tutto questo?! E non ti darai pace e, quel che è peggio, comincerai a dubitare del tuo operato. Ma fin che dubiti di te stesso, delle tue capacità, nulla di grave ancora.

Ma è quando cominci a mettere in dubbio la bontà e la capacità di giudizio del tuo 'Signore' che allora sì che la faccenda diventa sempre più difficile da gestire, non credi? Questo personaggio ha veramente doti così straordinarie e capacità per essere presente a tutti gli eventi, di tutte le persone, di tutte le galassie dell'universo, compresa la terra? La domanda spontanea che si paleserà nella tua testa potrebbe essere se per te fosse ancora possibile fidarti di Lui. Sarà ancora capace di scindere il bene dal male o valutare la cosa giusta da quella che non lo è? Potrebbe a questo punto installarsi il tarlo del dubbio che si trasformerà sempre più in un dubbio amletico, che non potrà più essere garante di una risposta certa, anzi. Si potrà anche installare, a questo punto, una sorta di rabbia e di rancore mescolati ad un senso di ingiustizia che prenderà e pervaderà la tua anima. E qui che 'casca l'asino', direbbe qualcuno: qui, di fatto, la fede potrebbe cominciare a vacillare, o quantomeno, potrebbe essere messa in severa discussione perdendo di fatto la sua centralità nella vita di chiunque".

A questo punto la conseguenza quasi inevitabile di ciò potrebbe costringere la persona in questione a dover controllare molto di più la sua vita in quanto il suo Tutore non sarebbe più così affidabile come prima.

2. La fede questa sconosciuta

"Ciò che è in basso eguaglia ciò che è in alto
e ciò che è in alto eguaglia ciò che è in basso,
per compiere il miracolo di una sola cosa"

- La Tavola di Smeraldo -

Don Raffaè
Fabrizio De Andrè

A che bell'ò cafè
pure in carcere 'o sanno fa
co' à ricetta ch'à Ciccirinella
compagno di cella
ci ha dato mammà

Prima pagina venti notizie
ventuno ingiustizie e lo Stato che fa
si costerna, s'indigna, s'impegna
poi getta la spugna con gran dignità
mi scervello e mi asciugo la fronte
per fortuna c'è chi mi risponde
a quell'uomo sceltissimo immenso
io chiedo consenso a don Raffaè

Un galantuomo che tiene sei figli
ha chiesto una casa e ci danno consigli
mentre 'o assessore che Dio lo perdoni
'ndrento a 'e roullotte ci alleva i visoni
voi vi basta una mossa una voce
c'ha 'sto Cristo ci levano 'a croce
con rispetto s'è fatto le tre
volite 'a spremuta o volite 'o cafè

A questo punto diventa quasi indispensabile che ognuno possa, o tenti di definire, cosa sia la fede per lui, facendolo magari in modo semplice e genuino, senza i fronzoli e le pesantezze indotte da manipolazioni, più o meno consapevoli, di chi si ritiene più in alto nella gerarchia in cui viene suddiviso e segregato il genere umano. Ma prima di portare della luce per comprendere e dare vita alla propria fede bisognerà che la persona si accerti in modo chiaro e definitivo se nella sua esistenza si sta muovendo su un terreno fatto di fede e di abbandono o di casualità e controllo.

Qui spesso le persone confondono queste due possibilità di interpretare il loro intercedere su questa terra. Dicono che hanno fede ma poi proprio non riescono a giustificare la morte di un bambino di 6 anni di cancro senza dubitare che quel meccanismo fideistico al quale il più delle volte si sono aggrappati, più per convenienza che per convincimento, alle volte faccia acqua, e non solo alle volte. Ma la fede o ce l'hai o non ce l'hai. E se non ce l'hai, per rimanere in sicurezza, non c'è altra modalità di sopravvivenza che il controllare ogni passo e ogni gesto, con uno spreco enorme di energia, come dicevamo, mantenendo di fatto un livello alto di controllo che genera rigidità nel corpo, soprattutto a livello cervicale.

Invitati a definire il concetto di fede, le persone spesso si perdono e utilizzano magari dei giri di parole inconcludenti, che si arenano in modo dispersivo nei meandri della loro mente. Per rendere con semplicità certi concetti bisognerebbe utilizzare invece il linguaggio necessario a far capire ad un bambino ad esempio di 8 anni come si possa definire la parola fede.

Personalmente se in poche parole dovessi farlo io, direi che la fede è una certezza assoluta che non ha bisogno di alcuna verifica o dimostrazione. Giunti a questo punto e dopo aver chiarito come si possa semplicisticamente definire il concetto di fede, cerco di aiutare la persona a riflettere su cosa sia la fede per lei, dove e in che momenti la può incontrare nel suo quotidiano e soprattutto come la sperimenta. Chiedo proprio, da un punto di vista pratico, che mi descriva degli esempi della sua vita dove, quello che lui intende per fede faccia capolino alleggerendo quantomeno il peso degli eventi più difficili e riducendo gli sforzi inutili. Quindi riprendo la mia interlocuzione con la persona dicendo......

2.1 L'illusione del controllo

"Cosa puoi dirmi della tua fede, del tuo avere fede poiché sembrerebbe che ci siano delle problematiche in merito. Se non puoi più fidarti di Lui, visto che dubiti della sua bontà incondizionata, è facile che avrai bisogno di controllare un po' di più la tua vita, aumentando le verifiche e le valutazioni che si riferiscono alle varie situazioni che stai vivendo, in quanto non si sa mai. Sei d'accordo con queste mie parole?"

A questo punto lascio un certo tempo alla persona affinché possa riflettere su quanto siano vere per lui le mie parole; soprattutto possa valutare anche quanto sia coinvolto in ogni singolo evento con un aumento di controllo esponenziale e quanto sia difficile, da parte sua, abbandonarsi alla bellezza della vita, con fluidità e senza sforzo alcuno. In verità, la maggior parte delle persone si identifica in ciò che ha appena ascoltato. Ma il nostro tempo, purtroppo, oltre a non esserci di aiuto, ha addirittura la tendenza e la volontà di rincarare le dosi di ansia e di mantenere una costante sensazione di paura e di ansia per il futuro. E allora riprendo:

"Visti i nostri trascorsi dialettici potresti in questo momento pensare per un momento di non avere poi una fede così consolidata?"

Alle volte la persona mi interrompe e mi dice che non ha più la fede di una volta ma che ne ha ancora un po', nel senso che ci sono dei giorni che può viverla più intensamente di altri e che....... Insomma la persona qui è decisamente in difficoltà e cerca di giustificarsi con me, ma soprattutto con sé stessa, in merito alla sua difficoltà di sentire viva questa fede, spesso relegata ai ricordi del periodo scolastico, quando si aveva la possibilità di affrontare, anche se solo dialetticamente, certi argomenti specifici di tipo religioso-spirituale.

Allora la interrompo per non farla sostare troppo a lungo in quei tortuosi labirinti della sua mente, alla vana ricerca di qualsiasi motivazione plausibile che le garantisca un minimo di sostenibilità rispetto a questa idea, quanto mai balzana, che si possa avere una fede a giorni alterni, includendo magari anche tutte le festività? Ma anche questo fa parte di quella ricerca di sopravvivenza che ci permette di passare sì, quasi indenni attraverso quella realtà, ma che non ha niente a che fare però con la nostra verità ed la nostra sensibilità.

"Sei proprio sicuro di poter vivere una fede a comando o a giorni alterni, in funzione delle differenti situazioni che incontri? Perché è come quando una donna dicesse al suo compagno di sentirsi oggi un po' incinta ma che domani spererebbe qualcosa di diverso per lei in quanto le giornate non sono tutte uguali! Nella realtà, a tutti gli effetti, o sei incinta o non lo sei, siamo d'accordo? Questo è quanto. Così riferendosi alla fede potremmo dire la stessa cosa: la fede c'è l'hai o non c'è l'hai. Punto. Non è possibile qualcosa di diverso da questo. E poi ci viene detto che non si può neanche comprarla, la fede! Ma qualcos'altro evidentemente sì. A questo proposito ti voglio raccontare una

storia: prima di sposarmi andavo ad accompagnare i malati a Lourdes in qualità di barelliere. Ero proprio felice quando immergevo i bambini con disabilità in quell'acqua particolare. Così mi è capitato di assistere a delle situazioni che definirei alquanto imbarazzanti. Bene, un'ora prima dell'arrivo a Lourdes in treno si presentava il prete di turno nella carrozza destinata ai malati e, dietro la tenda che veniva usata per dare un po' di riservatezza alle persone, questo uomo in nero, nonché rappresentante terreno del Signore, incontrava queste persone in difficoltà fisiche o mentali e proponeva loro uno sconto per l'acquisto di una messa, da celebrare a Lourdes durante il soggiorno, a suffragio di parenti morti piuttosto che per qualsiasi altra esigenza. Un vero affare sicuramente. In effetti se comprata in treno piuttosto che direttamente in città, il costo della messa avrebbe avuto un ribasso percentuale significativo. Per dirla tutta: se la compri adesso risparmi un bel po'. Eppure mi sembrava che il tempo delle indulgenze fosse passato di moda!

Appurato questo fatto, ti suggerisco cosa potrebbe dirti il tuo Signore in merito alle tue difficoltà di poterti ancora affidare a Lui. Si tratterebbe sempre e solo di una questione legata al tuo giudizio nei suoi confronti nel momento in cui tu lo accusi, in qualche modo, di non essere sempre partecipativo ed efficace nel risolvere le tue questioni quotidiane o addirittura di averti abbandonato ingiustamente in quanto tu ti sei comportato sempre 'bene' e non riesci in alcun modo a capire quale sia il suo disegno per te. Sempre che ne avesse veramente uno, ti verrebbe ancora da pensare con una forte valenza dubitativa.

Non ho in realtà una verità da offrirti migliore della tua, ma solo un punto alternativo di osservazione che tu probabilmente non avevi ancora preso in considerazione.

Tutto qui. Per cui, se ritieni che le mie parole possano essere interessanti nella comprensione dei tuoi accadimenti quotidiani, ben venga che tu ne faccia qualcosa, altrimenti lascia tutto così come è e stai sereno. Chissà mai, però, che un giorno ti possano tornare utili, alla luce di nuove considerazioni ed esperienze che andrai a incontrare.

2.2 Farsi sorprendere piuttosto che giudicare

A questo punto non si può certo escludere che il Signore ti stia ascoltando, mentre espliciti le tue considerazioni e i tuoi dubbi in merito al premio ricevuto in prima istanza (le rose, la chitarra o ciò che hai scelto in alternativa) e a quello successivo, considerato per certi versi una sorta di castigo (la montagna di 'merda'). Sai cosa potrebbe dirti, così di primo acchito? Potrebbe uscire dalle nuvole e sussurrarti con voce netta e senza indugi - Caro il mio tesoro, sempre pronto a criticare perché sempre più spesso incapace di guardare oltre le apparenze; ma sai che se tu fossi un contadino verace, davanti a quella 'merda' mi avresti con tutta probabilità ringraziato per l'ottima qualità della materia prima da utilizzare sui tuoi campi? Non credi? In fondo è stato solo il tuo giudizio a farti valutare come positiva una certa situazione, quando hai considerato di fatto le rose un dono, assegnandogli una accezione di premio per i tuoi comportamenti definiti da te, ovvero a tuo insindacabile giudizio, un buon ragazzo compassionevole: così, allo stesso modo e con lo stesso approccio, hai anche considerato quella montagna di 'merda' come una sorta di punizione, anche se giudicata inappropriata unicamente rispetto alle tue aspettative. Insomma, hai fatto tutto da solo, senza prendere in considerazione altre possibilità interpretative, cioè le mie che, senza ombra di dubbio, dovrebbero essere più autorevoli e prese sicuramente in carico.

E sai perché? Perché non ho mai pensato di premiarti con delle rose né tantomeno punirti, come dici tu, con la montagna di sterco. Ti ho messo rose e sterco unicamente perché tu ne potessi fare esperienza, in quanto ritengo che queste esperienze in quel preciso momento in cui te le ho messe a disposizione erano fondamentali per la tua evoluzione. Cosa ne avresti fatto tu in seguito di queste esperienze, sarebbe dipeso solo da te. Ma come ben saprai, ti ho anche lasciato il libero arbitrio a disposizione su questo pianeta terra, affinché tu possa prenderti la responsabilità della tua vita, in ogni istante, senza delega alcuna.

E tu cosa fai invece? Mi giudichi incapace e per questo sei disposto a mettere in discussione la tua fede; valuti le varie situazioni che incontri nel tuo quotidiano quasi sempre accompagnandole con un attributo qualificativo, che frequentemente corrisponde a qualcosa che ha a che fare con le parole negativo/positivo o bene/male. Ebbene quando cambierai questo punto di vista, che altera completamente la realtà delle cose? E' vero che laggiù i preti non sempre hanno capito il messaggio che ho indicato loro di trasferire ai miei figli prediletti, Anzi, ho sentito dire che, sempre più spesso, addirittura abusano dei bambini con certe nefandezze..... non ci sono parole per questo se non che questo libero arbitrio, alle volte è utilizzato proprio in modo decisamente improprio.

Ci sarà comunque anche per loro un tempo per redimersi dai loro peccati, così come per i politici e le autorità che si approfittano della loro posizione per procurarsi un vantaggio, a scapito della collettività. Ne vedremo delle belle prossimamente, Credimi! Tornando peró a noi. Capisci che hai creato tutto con la tua testa, con i tuoi giudizi e le tue paure? E sai a cosa ti potrebbe portare tutto questo? A dover necessariamente aumentare il tuo controllo sulle cose, dal momento che non mi riconosci più come guida spiritale, proprio io che voglio il meglio per te e che ti amo in modo incondizionato. Se però non ti fidi più di me, unicamente per il fatto che non sei stato capace di accogliere lo sterco come una parte necessaria e integrante del tuo percorso di vita, tutto diventerà più difficile da gestire per te. Perché, più sei in cerca di risposte certe o semplicemente di avere delle certezze che ti permettono di controllare meglio il territorio che stai vivendo (almeno così tu credi) senza affidarti alla Vita, quindi senza avere fede in me, più dovrai lottare e faticare per ottenere solo un piccolo vantaggio: ma sicuramente dovrai fare un grande sforzo per ottenere solo una piccola resa, principio biologico, questo, assolutamente non congruo e facilitante, quindi da disattendere"

Alle volte, in merito a questo argomento, anche solo per alleggerire il carico della situazione che si è creata, rilancio un episodio esemplificativo, con l'intento di far capire che la certezza, nella nostra vita, non esiste se non attraverso un atto di fede, una fede che non ha necessariamente un valore di tipo religioso come dicevamo e come avremmo modo di constatare in altri capitoli del libro. Una possibile operatività in mancanza di fede dunque, potrebbe essere considerata una fase di vita legata in qualche modo al controllo. Quel controllo che in ogni caso, per essere esautorato, ha sempre bisogno di fare riferimento al giudizio. Giudizio che a sua volta coinvolge in qualche modo il passato, col fine di poter garantire in ogni occasione, un certo grado di sopravvivenza. E allora potrei continuare così.:

2.3 Il controllo richiede un giudizio che ci costringe a proiettarci sempre e solo al nostro passato

"Ti farò un esempio. Tu hai una casa? Nella casa è presente un impianto di allarme? No? Allora se dovessi montarne uno, avrai bisogno di chiamare un elettricista esperto che ti chiederà diciamo 3.000€ per installarti un impianto minimalista ma efficace, a suo dire, e a norma. Ma dopo un mese entra un ladro e tu lo chiami per raccontare l'accaduto e parlare del disagio che la tua famiglia ha passato nell'avere un'intrusione così invasiva in casa. Il tecnico, molto serenamente, ti dirà che se puoi spendere altri 2.000€, sicuramente il sistema sarà più efficace e dunque sarà più difficile penetrare l'abitazione. Tu aderisci a questa iniziativa, ma dopo soli 3 mesi la tua casa viene violata lo stesso.

Capisci che, a prescindere dall'impianto installato, ci sarà sempre un ladro che avrà conoscenza e competenza per entrare in casa tua indisturbato? Chi ti potrà mai dare una garanzia assoluta di non subire più alcuna intrusione? Nemmeno se facessi un impianto di 50.000€ o più. Con molta probabilità, ti potresti far bastare l'impianto di base, sapendo che la maggior parte dei veri ladri, ovvero quelli che vengono su commissione, sapendo che non sei ricco, non hai quadri famosi e nemmeno gioielli d'epoca eviteranno sicuramente il tuo domicilio perchè il vero ladro professionista sa già cosa dovrà rubare quando viene a trovarti. Quindi l'allarme, in quest'ottica, basterà che sia un semplice scaccia malintenzionati: cioè quello che in fondo sarebbe la miglior soluzione per te - minimo sforzo per massima resa.

Ora, torniamo per un attimo a quello che tu hai definito premio e punizione, ovvero le rose e lo sterco: se tu fossi capace in questo momento di rivedere queste tue considerazioni per rivalutarle, potrebbero veramente accadere delle cose straordinarie nel modo di percepire la tua vita. Se riuscissi, anche solo per un attimo, ad evitare il giudizio, valutando le rose e lo sterco come un dono al servizio della tua evoluzione, ti chiederei di provare semplicemente a sentire nel tuo corpo sul piano fisico ed emotivo cosa potrebbe accadere. Potrebbe esserci ancora rabbia, rancore o più semplicemente della paura. Solo facendoti poi delle domande che sarà possibile per te riuscire a darti delle risposte, dandoti così la possibilità di aprirti a nuove visioni e opportunità così la possibilità di espandere anche la tua coscienza. Non credi?

Saresti ancora capace di giudicarti inadeguato e meritevole di castighi, portando la tua autostima ai minimi termini, oppure potresti riconoscerti invece nella meraviglia dell'umano che sei, in quanto figlio del tuo Signore così da far risplendere la luce divina che sei? Capisci che, finché dubiterai di questo, continuando a valutare lo sterco come una punizione, non potrai far altro che aumentare il tuo controllo, con il relativo stress associato. E poi, quando passerai oltre lo sterco, senza poterti più affidare alla vita e a Lui, quale potrà essere il tuo comportamento davanti alle nuove situazioni che incontrerai? Incontrerai premi o punizioni, sarai capace di valutare bene ogni variabile che si presenta oppure no, quanto sarai condizionato dalla paura di sbagliare? Sarà necessario aumentare il tuo controllo? E la tua angoscia cosa farà? Ma se nella tua vita invece potessi riconoscere che non hai mai sbagliato, questo ti aiuterebbe? Questa ultima eventualità sembra impossibile da prendere in considerazione almeno fino a quando continuerai a far riferimento, per quanto riguarda la comprensione del tuo vivere, ad un piano squisitamente razionale che per sua natura è limitato e limitante. In fondo non si è mai del tutto buoni o cattivi. E questo ce lo diceva anche il Profeta (Gibran): "Siete buoni quando siete in armonia con voi stessi. Tuttavia, quando non siete una sola cosa con voi stessi, voi non siete cattivi. Siete buoni quando la vostra parola è pienamente consapevole. Tuttavia non siete cattivi quando nel sonno la vostra lingua vaneggia. E anche un discorso confuso può rafforzare una debole lingua. Siete buoni quando procedete verso la meta, decisi e con passo sicuro. Tuttavia non siete cattivi quando vagate qua e là zoppicando. Anche chi zoppica procede in avanti. Ma voi che siete agili e forti, state attenti a non zoppicare dinnanzi agli storpi, stimandovi cortesi. Voi siete buoni in molteplici modi e non siete cattivi quando non siete buoni. Siete soltanto pigri e indolenti".

Allora smettila di giudicare e controllare gli accadimenti della vita in modo convulso o confuso e affidati piuttosto alla meraviglia che sei, andando oltre a quelle illusioni e a quelle apparenze che nascondono la tua vera essenza di anima evoluta senza tempo. In fondo, si potrebbe dire che non esistono cose belle o brutte, buone o cattive: esiste solo il nostro modo di guardare le cose che può dar forma alla nostra realtà colorandola con il colore del bene e del male, con il colore del giusto e dello sbagliato. Ma tutto questo è pura finzione, pura creazione della nostra mente che come dicevamo è di suo limitata e limitante. Se poi volessimo guardare oltre i confini di ciò che appare, potremmo realizzare che in qualche modo controllare è una forma di giudicare, un probabile suo alter ego. Come si fa infatti a controllare se non attraverso il giudizio? Solo se conosci già una certa situazione, perché ne hai già fatta esperienza precedentemente che potresti valutare e agire di conseguenza nel presente in modo più efficace, controllando l'evento stesso e guidandolo verso una soluzione che sia sempre la migliore per te.

Ma per realizzare tutto ciò, saresti costretto a sondare e risvegliare il tuo passato e le tue memorie consce e inconsce. In questo modo riporteresti solo il tuo passato nel presente, a garanzia di cosa, però? Di qualcosa che è stato effettivamente funzionale nel passato, magari anche egregiamente, ma che non necessariamente potrebbe essere vissuto e interpretato allo stesso modo nel presente. Anche perchè poi gli eventi non si ripresentano mai esattamente uguali a se stessi. E come abbiamo già fatto notare, quale potrebbe essere in senso evolutivo il valore di riproporci qualcosa che conosciamo già? In effetti questo fatto non porterebbe alcuna dote per implementare la nostra conoscenza e la nostra esperienza, anche se si avvalesse del nobile scopo di mantenere il più operativa possibile la nostra sopravvivenza, fattore fondamentale e indispensabile garante di darci la possibilità di vedere e soprattutto gustare la bellezza di quel meraviglioso cielo stellato che è vitale di suo e sicuramente testimone della Vita nella sua accezione più meritevole"

2.4 Accogliere o accettare: questo è il dilemma!

Ma affidarsi alla realtà significa in qualche modo imparare anche ad accoglierla così com'è, senza necessariamente doverla anche accettare. Provate ad ascoltare dentro di voi queste due parole, ripetendole a bassa voce....... *accogliere....... accettare........ accogliere.........* *accettare*. Sentite la differenza che esiste tra queste due energie? Per me questa è un'evidenza: quando *accetti* qualcosa sai che in fondo al tuo cuore quello che stai accettando non è proprio quello che vorresti per te, ma si tratta di qualcosa che in qualche modo te la fai andar bene o bastare. Sì, in parte la cosa ti garba, ma è sempre presente un senso di costrizione o di sacrifico, magari anche solo per far piacere ad una certa persona alla quale sei legato in modo particolare (sarebbe proprio meglio però che non ci fossero pendenze di tipo debitorio con questo personaggio palesando un fenomeno che in questo avrebbe un colorito ricattatorio) o semplicemente perché, facendo questa scelta, hai la sensazione di portare maggior armonia nella tua cerchia familiare, lavorativa o delle tue amicizie. Una sensazione che fin troppo spesso si rivelerà infondata e illusoria o quantomeno non risolutiva, soprattutto se in riferimento a problematiche che non sarebbero mai dipese direttamente dalla tua volontà e proprio per questo motivo non sarebbe mai stato possibile controllare.

Mentre, quando si usa la parola *accoglienza*, le cose cambiano immediatamente. Quando accogliamo, la nostra realtà, ci assumiamo direttamente la responsabilità dell'evento, andandoci incontro a braccia aperte. Siamo noi, in questo caso, che scegliamo volontariamente di andare verso quella realtà che ci sta di fronte: sempre, senza indugio e spesso con gioia e determinazione. Potete sentire anche voi questa differenza? *Accogliere* non è *accettare*. E nella nostra vita, usare certi vocaboli rispetto ad altri, può e fa veramente la differenza, anzi la fa sempre!

Fate dunque attenzione al vostro dialogo sia con l'esterno, cioè mentre contattate e parlate con le persone pubblicamente, ma anche quando usate quel dialogo interiore, cioè quando siete in connessione con il vostro inconscio ed il vostro sentito o ri-sentito: perché questo può fare davvero la differenza nella vostra vita. Se vi limitate sempre e solo a dover accettare quello che *accade* nella vostra vita perché in fondo così fan tutti, darete con molta probabilità un'informazione costante al vostro inconscio di avere difficoltà a trovare soluzioni diversificate e più confortevole per agire in un certo contesto e che siete stati costretti in qualche modo a fare qualcosa che, quasi certamente, non sfruttava a pieno le vostre potenzialità rinunciando di fatto alla possibilità di sentirsi completamente liberi di scegliere e di discernere.

È sbagliato tutto questo? Assolutamente no. Ma quando non rispettiamo la nostra verità, rispondendo agli eventi con azioni e atteggiamenti non congruenti al nostro volere o intendimento, non stiamo veramente vivendo la nostra vita, ma rimaniamo in contatto solo con il nostro livello di sopravvivenza. Ed è sbagliato quando lasciamo che sia la sopravvivenza a guidarci nel nostro cammino? Beh, l'abbiamo appena detto: non c'è mai né una cosa giusta nemmeno una sbagliata a meno che non utilizziamo il filtro delle nostre credenze. Perché se crediamo che una cosa ci farà davvero soffrire, diventerà all'istante pericolosa e sarà dunque da evitare poiché valutata 'sbagliata' per noi e anche dal nostro inconscio; mentre se crediamo che una certa situazione ci porterà della gioia, ci metteremo subito nell'ottica di vivere questa esperienza poiché , senza dubbi, l'avremmo valutata essere 'giusta', ovvero migliore o addirittura la migliore per noi.

Invece di ricercare il perché non sia sbagliato sopravvivere, forse sarebbe meglio prendersi del tempo ed utilizzare le nostre energie per ricercare quale sia invece il vero senso di questo nostro sopravvivere? In effetti, da un punto di vista neuro-linguistico, è sempre meglio formulare una frase con una connotazione affermativa, piuttosto che rincorrere una risposta che sia conseguente ad una domanda formulata come negazione. Questo fatto è di fondamentale importanza per il nostro inconscio, il quale recepisce qualsiasi cosa senza la capacità del discernimento, atto peculiare della coscienza. Per il nostro inconscio, il pensiero che abbiamo in testa, diventa la nostra realtà che si attiva, utilizzando di fatto tutte le risposte fisiologiche e funzionali del caso.

E' inutili continuare a dire a nostro figlio di non mettere le dita nella presa di corrente perché quel *non* verrà ignorato dall'inconscio in quanto l'avverbio nel contesto della frase intera è cosa di poco conto quindi veicoleremo un messaggio di continuare a mettere le dita nella presa di corrente. Cosa dire in alternativa? Porre l'accento e l'attenzione del nostro ragazzo verso qualcosa di diverso come per esempio giocare con la palla, magari mostrandogliela e meglio ancora essendo anche disponibili a condividere questo suggerimento. Basta alle volte semplicemente cambiare l'immagine e l'indicazione in cui lui prestava grande attenzione rimpiazzandola con qualcosa di differente ma meno pericolosa e decisamente più costruttiva della precedente. Anche se giocare a palla in casa non è sempre un gran suggerimento da dare!

Come ben sappiamo, per il cervello, non c'è alcuna differenza tra il vedere una giraffa che beve in riva ad un fiume in una savana reale e concreta e la stessa giraffa che immaginiamo bere nello stesso modo e nello stesso fiume creando un'immagine analoga nella nostra mente. Il modo di concepire quella realtà per il nostro cervello, in fondo, non cambierà: per lui è come se fossimo in entrambi i casi alla presenza di questa giraffa che sta cercando di dissetarsi al fiume.

In fondo, il nostro cervello non ha mai un contatto diretto con l'esterno se non attraverso i sensi, proprio grazie ai nostri sensori che sono gli occhi, le orecchie, la pelle, le papille gustative e le terminazioni nervose del naso che portano le informazioni direttamente al cervello. Il cervello poi, da grande elaboratore qual è, crea immagini, suoni, sensazioni tattili, gustative e persino gli odori. Ma tutto questo può essere realizzato anche dalla mente che può inviare le stesse immagini, gli stessi suoni e via discorrendo. Da qui la difficoltà per il cervello di fare un distinguo tra quello che la mente offre, grazie all'utilizzo preciso della memoria e l'azione diretta dei sensori come parte integrante dei nostri sensi. Diventa chiaro come noi siamo degli esseri multidimensionali, incastrati in un apparente realtà limitata, fissata e cristallizzata dalle nostre credenze. Torneremo sicuramente a chiacchierare di questo argomento in seguito.

Parlavamo, dunque, di sopravvivenza e nello specifico di quale sia il senso del nostro sopravvivere. Non credo ci voglia un luminare per rispondere a questo quesito. Per vivere la vita, sappiamo da sempre, che dobbiamo essere capaci di garantirci la sopravvivenza. Non possiamo insomma godere completamente della bellezza del firmamento, in una serata meravigliosa di fine estate, se siamo preoccupati della nostra famiglia, se non sappiamo cosa dare da mangiare ai nostri figli questa sera e così via. Sei d'accordo anche tu lettore con questa semplice immagine?

In ultima analisi o sei capace di accogliere con consapevolezza, scegliendo in piena libertà e verità ciò che incontri nella vita - o meglio ancora ciò che la vita ti offre -, oppure sei costretto a lottare contro questa realtà, cercando di controllarla più che puoi e costretto in qualche modo a giudicarla quantomeno inopportuna se non addirittura punitiva, come abbiamo già considerato precedentemente.

Come fare allora per aiutare il nostro compagno di viaggio a comprendere come si possano accogliere, con una certa disinvoltura, gli eventi che ci capitano, come parte integrante del nostro cammino? Ecco allora spuntare, ancora una volta, all'orizzonte un piccolo aiuto cioè un'altra piccola storia che ci permette di definire meglio e con semplicità questo quasi ineffabile principio di accoglienza. È la storia del *calzino bucato:* per caso già la conosci? La storia potrebbe cominciare all'incirca con queste parole:

2.5 La storia del calzino bucato

"C'era una volta in una sperduta isola dell'oceano Indiano... " Beh, così sarebbe fin troppo seriosa e scontata. Allora ricominciamo e rivolgendomi al mio solito interlocutore senza nome poteri dire: "I*n questo momento, se avessi bisogno di trovare qualcuno che mi aggiusti un calzino che si è bucato,*

potresti essere tu a farmelo, dietro ricompensa, si intende?". Se il vostro interlocutore fosse femmina, tutto filerebbe sicuramente più liscio e senza intoppi. Comunque a questo punto della nostra richiesta, la persona in qualche modo si sentirà costretta a dirvi di sì, nel senso che sarà disponibile a fare il lavoro di cucitura, magari dopo che l'avete ulteriormente rassicurata sul fatto che state solo scherzando e che, per l'occasione, non le dareste comunque mai un vero calzino da cucire in mano perché quello è uno dei vostri compiti da casalingo/a. Allora incalzate chiedendo:

"Allora grazie per la vostra disponibilità. E che cosa ti servirebbe per esaudire la mia richiesta?

A questo punto la persona comincerà, quasi certamente, dicendo che le servirebbe dell'ago e del filo, della pazienza, della capacità di farlo e voi suggerirete....

"R*isposta corretta, ma non sufficiente, nel senso che quello che hai appena detto non soddisfa del tutto la mia richiesta"*

Allora il vostro interlocutore continuerà nominando la necessità di avere della buona volontà o magari anche del tempo a disposizione e voi:

"Ottima anche questa volta la tua risposta, ma manca sempre qualcosa, che è essenziale per la riparazione"

"Si tratterà del ditale o dell'ovetto". Aggiungerà lui, ignaro che la risposta invece è evidentemente molto più semplice e scontata di quello che appare. Così, con molta calma, a questo punto posso avviarmi alla svolta finale dicendo:

"Sono tutte risposte impeccabili ma mancanti della cosa ineluttabilmente essenziale, senza la quale non sarà possibile esaudire la mia richiesta; allora te la indicherò io la risposta, svelandoti, con la sua semplicità, ciò che probabilmente ti

sorprenderà e ti farà anche sorridere. Tutto questo a dimostrazione del fatto che tu possa cogliere come, molto spesso, perdiamo di vista ciò che è indispensabile ed essenziale, perdendoci nei meandri della complessità e confermando quante siano le volte nella nostra vita in cui ci affidiamo ai famosi uffici UCCS ovvero Uffici Complicazioni Cose Semplici, perdendo in questo modo potere ed energia.

Ecco la rivelazione allora: quello che in fondo hai mancato di segnalare è semplicemente il calzino, *ovvero la cosa più importante e fondamentale. Ma come sempre, visto che l'essenziale è invisibile agli occhi, ancora una volta siamo stati depistati dal fare, non prestando particolare attenzione al valore dell'essere, in quanto capacità ineluttabile d'identificazione dell'essenziale che in questo caso parla esattamente del nostro vero problema. In effetti, senza calzino, anche se ci fosse stata della buona volontà, del tempo e magari anche un ditale che calzava in modo perfetto al dito, non si sarebbe comunque potuto fare nulla. Non credi?"*

E qui che la persona, spesso sorridendo, riconosce l'ineffabile leggerezza dell'evidenza, che contrasta pesantemente con la sua ricerca faticosa e affannosa della soluzione, che era sicuramente sotto i suoi occhi, quindi sicuramente alla sua portata, ma che non è stata vista o quantomeno presa in considerazione. A questo punto mi permetterò di spendere alcune parole sulla semplicità della vita e di come noi, anche con fatica, la rendiamo e la interpretiamo molto più complicata di quello che è nella realtà.

Ma questa questione la rimandiamo a dopo. In effetti, l'obiettivo in questo momento è quello di far capire alla persona il valore ed il senso dell'accogliere senza giudizio ogni evento della vita, anche il più difficile da digerire. Così riprendo da dove eravamo partiti e continuo con implacabile lentezza:

"Come dicevamo, se non prendi il calzino con te, non potrai mai aggiustare quel buco. Ma anche se ti ostini a lottare contro l'ingiustizia dell'avere un calzino rotto, non se ne verrà mai fuori. Qui la Vita parla a chiare lettere: per trasformare il calzino, ovvero per poterlo aggiustare è necessario anzi è praticamente obbligatorio innanzitutto accogliere il calzino, cioè prenderselo con sé, scegliendo in qualche modo di incontrarlo per garantirsi la possibilità di trasformarlo con il chiaro intento di ritrovarmi con un calzino integro e di nuovo utilizzabile senza il disagio del buco.

Se invece, malauguratamente, rifiutiamo quel calzino proprio perché è rotto, amplificando il senso d'ingiustizia o insoddisfazione che ne potrebbe derivare, il calzino stesso non potrà mai cambiare il suo stato di 'discontinuità tissutale' (rottura/buco) e noi potremmo addirittura vivere situazioni di frustrazione, agganciandoci addirittura alla rabbia per questa ingiustizia, senza essere capaci di trovare una soluzione né tantomeno trarne dei vantaggi.

Questo invece potrebbe essere proprio il momento più propizio per vivere e prestare attenzione a quella famosa accoglienza di cui abbiamo già relazionato sopra. Poiché fare un muro contro questa condizione giudicata anche solo semplicemente sgradevole e senza aggravanti, può solo dare altra forza al sistema con cui stiamo combattendo".

E' importante durante un dialogo che si esprimere prevalentemente su un piano cognitivo passare ad una esperienza diretta o almeno ad un esempio che sia esaustivo in merito alla comprensione del concetto che stiamo affrontando. Ecco allora che improvvisamente cambio rotta passando dalle parole ai fatti:

"Vorrei farti capire meglio quello che sto esponendo utilizzando un esempio, sei d'accordo? Quindi se una persona ci spinge con una mano sulla spalla e noi resistiamo a tutti i costi, permetteremo a questa persona, se lo vorrà, di poter spingere ancora un po' di più: questo significa che più offro una resistenza alla spinta della persona e più le offrirò la possibilità di aumentare la sua spinta e il suo potenziale di forza non ancora espresso su di me. Cosa potrebbe accadere, invece, se alla sua spinta noi ogni volta ci scansassimo o seguissimo il vettore di forza applicato alla nostra spalla in senso contrario cioè ci abbandonassimo a seguire la sua spinta assecondandola senza alcuna opposizione? Niente, tutto filerebbe liscio come l'olio e in un battibaleno saremmo liberi da costrizioni e forzature riprendendo in un attimo la nostra armonia iniziale. E cosa potrebbe succedere ancora di diverso se riuscissimo a prendere con noi quel calzino, senza giudicarlo e accogliendolo così com'è? Potremmo ancora sentire tanta rabbia e rancore dentro di noi oppure no? Sarebbe più semplice per noi aderire a questa realtà accogliendola per poi trasformarla oppure sarebbe più semplice rifiutare questa realtà combattendola perché non siamo ancora riusciti a vedere nulla di buono li dentro (in questo caso specifico si potrebbe dire nulla e basta visto che si tratta di un buco!)".

Spesso, se con la persona ho già affrontato la problematica del *credo* religioso, né approfitto in questi termini.....

"E poi se il tuo Dio, chiunque esso sia, è veramente così buono e giusto come pensi e dichiari, perché mai dovrebbe mettere davanti ai tuoi passi un calzino bucato. Pensi che se lo facesse sarebbe unicamente per dispetto? O piuttosto non ti venga dato un dono o un opportunità tale da permetterti di avere un incontro dunque un'esperienza che sicuramente ha un senso per te? Qualcosa che è dunque al tuo servizio con uno scopo prettamente evolutivo? Non credi sia possibile guardare la storia

del calzino bucato in modi differenti? E se la risposta fosse affermativa, perché dunque non cambiare la routine quotidiana, leggendo l'evento del calzino in modo differente?

In fondo solo quando sarai in grado di prendere con te il calzino, meglio se con accoglienza, si potrà realizzare la trasformazione del calzetto bucato, in qualcosa di diverso come per esempio un calzetto perfettamente integro. O prenderai quel calzino con te per trasformarlo oppure dovrai attendere che lo faccia qualcun altro o sperare eventualmente in un miracolo. Da prendersi in seria considerazione unicamente nella suo valore di interfaccia di validazione terrena come descrizione e spiegazione di un fenomeno inspiegabile con le conoscenze del tempo presente.

In effetti non è da escludere a priori la possibilità che un giorno, attraverso conoscenza, consapevolezza e sperimentazione delle nostre infinite potenzialità, con il semplice tocco o addirittura con il solo potere della mente, si possa ricucire quel calzino e molto altro ancora. Forse sarà sufficiente comprendere e sperimentare una nuova modalità di aprirsi al 'meraviglioso' della vita, facendosi sempre sorprendere, sapendo poi che "I vostri cuori conoscano in silenzio i segreti dei giorni e delle notti, ma le vostre orecchie siano assetate del suono della conoscenza del vostro cuore..... ma che non ci siano bilance a pesare il vostro tesoro sconosciuto; e non cercate di capire le profondità della vostra conoscenza con l'asta e la sonda, perchè il vostro sè è un mare sconfinato e smisurato......" (da il Profeta di Gibran*).*

Cosa ne dici? Hanno un senso per te queste parole?"

Accogliere il calzino é di fatto una garanzia per avere accesso ad una possibile trasformazione, complice la nostra determinazione. Solo una volta nelle nostre mani potremmo ricucirlo, se avremo ago e filo, ma senza questa tipologia di supporto potremmo sempre fare un bel nodo e chiudere quel buco in modo goffo e grezzo. Perché anche in questo modo il buco sarà scomparso, quel buco che volevamo far proprio sparire dalla nostra vista. Anzi, a questo punto potremmo addirittura pensare in grande e andare oltre le apparenze e le consuetudini. Guardando il calzino bucato potremmo addirittura avere l'intuizione e/o illuminazione di fare un buco nell'altro calzino specularmente con l'intento finale di creare la filiera dei calzini bucati e visto che siamo prossimi all'estate, potremmo prenderci il merito di essere stati i primi a dare il via alla moda del calzino con il buco.

Perché spesso è così che partono le mode, ovvero da un'idea che funziona di per sè o facendola funzionare a suon di pubblicità cartacea, televisiva o attraverso la rete. Senza andare troppo lontano nel tempo, avete presente i pantaloni, o jeans che siano, con i buchi che portiamo oggi? Beh, se fosse viva ancora nonna Domenica, potrei sentire ancora le sue vivide urla che distintamente mi dicono: *"Dove stai andando come uno zingaro* (non me ne vogliano gli zingari, in questo frangente sono solo ambasciatore che non porta pena ndr). *Non si può andare in giro così. Vieni qui che ti metto almeno una toppa".*

Così invece di sprecare le energie per trattenere lontano da noi questo calzino non standardizzato del tutto, potremmo addirittura ricavarne un 'gruzzoletto', utilizzando semplicemente la nostra indole imprenditoriale. E questo modo di pensare e agire ci aiuterebbe anche non poco nel ridurre il peso della gestione del controllo che ci forza a rimanere in contatto, alle volte per lungo tempo, con qualcosa che ci infastidisce e non è decisamente confortevole per noi. Come potrebbero cambiare le cose o come potremmo interpretarle differentemente, se solo potessimo rimanere in contatto con la realtà così com'è, attraverso un'osservazione neutra e senza giudizio!

2.6 Lasciare uno spazio o prendersi del tempo per far maturare le cose

A questo punto lascio di solito che ci sia dello spazio tra quello che ho detto, quello che la persona ha sentito e quello che la persona ha potuto comprendere e riconoscere in tutta questa storia. E tu, lettore, potresti chiederti la stessa cosa, non pensi? In fondo siamo tutti nella stessa barca, con lo stesso punto di approdo, anche se il viaggio di ognuno di noi si personalizza in qualche modo, in base alle diverse percezioni con il quale ogni singolo individuo filtra il suo quotidiano.

Spesso le persone a questo punto annuiscono, anche con il capo, affermando in qualche modo di aver colto qualcosa di nuovo tra le mie parole, riflettendo magari su quella sensazione di leggerezza che in quel momento pervade sia il loro corpo fisico che quello energetico, così almeno mi riferiscono più di qualche volta: un benessere il più delle volte inaspettato, che li coglie di sorpresa, allontanandoli da quel fardello pesante che ostacolava e disturbava oltremodo il loro cammino. Una proiezione benevola che li fa trasbordare da una ricerca a tutti i costi legata al controllo sugli eventi, che richiamano costantemente il passato, a quell'abbandono quasi incondizionato che permette loro invece di rivolgersi al presente o al futuro con più fiducia/fede.

Ma la paura è sempre dietro l'angolo. Quella paura che ci attanaglia, ci stringe lo stomaco e ci limita nel respiro. Il solo pensiero poi della paura, fa già di suo aumentare la tensione, creando una sensazione che potremmo identificare con l'ansia. Ma spesso non siamo nemmeno in grado di definire e tantomeno di nominare, ovviamente, questa sgradevole sensazione. Secondo te, lettore, quale potrebbe essere invece una paura, tra le tante che ci affliggono, che continua a condizionarci e continuiamo a incontrare con una certa frequenza? Meglio ancora: quale è per te la paura che maggiormente può crearti disagi nel quotidiano? Mi sono fatto anch'io spesso questa domanda e mi sono anche dato una risposta. Così se non si è già arrivati ad una certa età, per cui comincia a insinuarsi con un certa insistenza la vibrazione della paura del morire, soprattutto se non si ha mai affrontato questo argomento apertamente, credo che un'altra delle paure più comuni e frequenti per l'essere umano, in quanto condizionato e manipolato, sia la *paura di sbagliare.* Frasi come

- *..... e se sbaglio?*
- *..... non sono mai sicuro di fare la cosa giusta! (come se potessimo avere delle certezza nella vita! Ci torneremo su questo punto più avanti)*
- *..... è veramente difficile prendere questa decisione, se sbaglio potrei rovinarmi la vita per sempre o quantomeno rovinarla alle persone che amo!*
- *.. (metti la frase che hai già utilizzato più volte nella tua vita che fa riferimento alla tua paura di fare errori)*

sono sicuramente molto comuni e abituali, non credi?

Mi sono sempre interrogato su quanto sia difficile fare delle scelte, quindi decidere su qualcosa, a prescindere dall'oggetto della nostra scelta, soprattutto quando abbiamo la netta percezione che quella scelta inciderà in modo indelebile sul nostro futuro. Che si tratti di un paio di pantaloni da acquistare o di un lavoro da lasciare, sempre e solo di una scelta si tratta. E' vero che ci sono delle situazione più complesse di altre, ma se guardiamo con gli occhi di un bambino, la difficoltà più grande che incontriamo sarà sempre imputabile più alla scelta in quanto tale, piuttosto che all'oggetto della scelta stessa. Sì, è proprio così, signori della corte (così direbbe il giudice di turno) perchè, anche davanti alla scelta di un paio di pantaloni, le persone, non tutte ovviamente, possono perdere un sacco di tempo che sicuramente potrebbero utilizzare diversamente, con il rischio anche di rimanere insoddisfatte dell'acquisto.

3. Saper scegliere

"Il poeta che vede tutto viene accusato di libertà"

- Alda Merini -

La Tirannia e la Libertà
Étienne de La Boétie

"Vorrei capire come sia possibile che tanti uomini... talvolta sopportino un tiranno solo, che non ha altro potere se non quello che essi stessi gli accordano, che ha la capacità di nuocere loro solo finché sono disposti a tollerarlo, e che non potrebbe fare loro alcun male se essi non preferissero sopportarlo anziché opporglisi... Sono i popoli stessi che si lasciano incatenare, perché se smettessero di servire, sarebbero liberi. È il popolo che si fa servo, che si taglia la gola da solo, che potendo scegliere tra servitù e libertà, rifiuta la sua indipendenza e si sotto- mette al giogo... Il padrone che vi domina ha solo due occhi, due mani, un corpo, niente di diverso dall'ultimo dei cittadini... salvo i mezzi per distruggervi che voi stessi gli fornite... Decidete una volta per tutte di non servire più e sarete liberi".

Saper scegliere significa essere capaci di integrare i due pilastri indispensabili per la vita: mente e cuore. La scelta é una condizione con la quale, prima o poi, dobbiamo confrontarci, volenti o nolenti. Ma anche quella persona, che tende a farsi scegliere per comodità, opportunità o semplicemente per incapacità che sia, ha dovuto comunque, in certi momenti, prendere delle decisioni.

3.1 Dover scegliere

Purtroppo anche la nostra società è costruita, come abbiamo già accennato, in modo che la gente sia sempre più dipendente, perdendo sempre più la propria autonomia decisionale. Ma quello che è peggio, è che il sistema fa credere loro che sia meglio delegare certe responsabilità personali a favore di qualcun altro che dovrebbe essere più competente in materia. E tu, lettore, come ti comporti davanti ad una scelta? Sei deciso e sereno prendendoti il giusto tempo o sei piuttosto deciso e frettoloso da non considerare troppo le varie opportunitá in quanto non c'è tempo da perdere; oppure per te non è sempre cosi facile trovare delle soluzioni in tempi brevi? Così, magari, ti trovi spesso a roderti un po' il fegato o lo stomaco, alla ricerca di qualcosa per poter garantirti la miglior scelta in quello specifico momento.

Si, perchè la nostra mente davanti, ad esempio, a due possibilitá di scelta, non ha alcun dubbio che tra le due ce ne debba essere per forza una assolutamente migliore dell'altra. Ma, anche per voi è così? Siete proprio certi che sia proprio così? Ovvero che ci sia sempre una scelta più favorevole e l'altra meno? E se la mente ci stesse facendo il solito scherzo, che è apprezzabilmente riconosciuta nella frase: la mente mente spudoratamente? Cosa fare allora? Ipotizziamo per un momento che siamo davanti ad un bivio, che inevitabilmente ci chiede di prendere una decisione in merito alla strada da intraprendere per il prosieguo del nostro cammino. Meglio ancora. Tu, lettore, sei davanti a questo bivio, nella condizione già praticata molte e molte volte nel quotidiano, ovvero di dover scegliere tra due possibilità: qual é stato e qual è abitualmente il tuo comportamento in questo frangente e qual è il modello che preferisci usare in questi frangenti? Hai dubbi, difficoltà e incertezze oppure sei determinato e fiducioso? Proviamo ad analizzare insieme quale potrebbe essere una strategia da applicare in questo contesto.

3.2 Il dubbio come pessima guida per la miglior scelta

Eccoci, dunque, davanti a questa biforcazione, un po' dubbiosi e diffidenti: quale sarà la miglior soluzione per noi, ora? Sarà meglio andare da questa parte o dall'altra? Così potremmo dare inizio alle danze della nostra mente, sempre pronta a sondare e perlustrare, soprattutto se usiamo il nostro razionale. Le possibilità variano in base a convenienze accertate, col fine ultimo di realizzare il meglio per noi, sempre e comunque. Allora, cosa fare in questi casi? Beh, potremmo cominciare con l'analisi della situazione, facendo delle considerazioni e valutando dei punti di grande interesse a favore della prima opzione (Pro), che chiameremo A per comodità, e solo punti di discordia e disagio per l'opzione B (Contro).

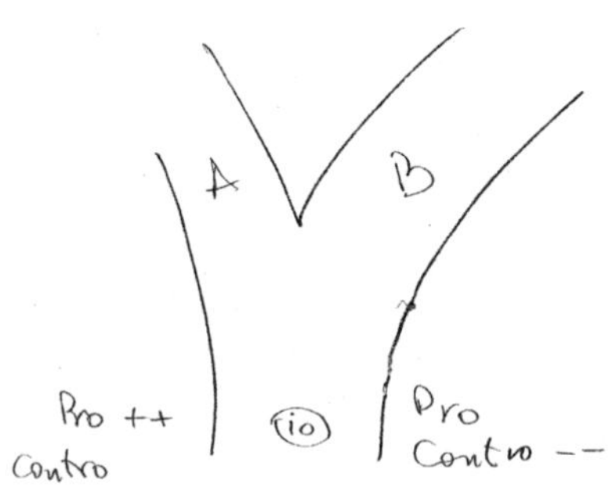

In questo caso la scelta sarebbe presto fatta, senza dubbio alcuno. Come appare evidente, la scelta ricadrebbe senza ombra di dubbio sulla soluzione A.

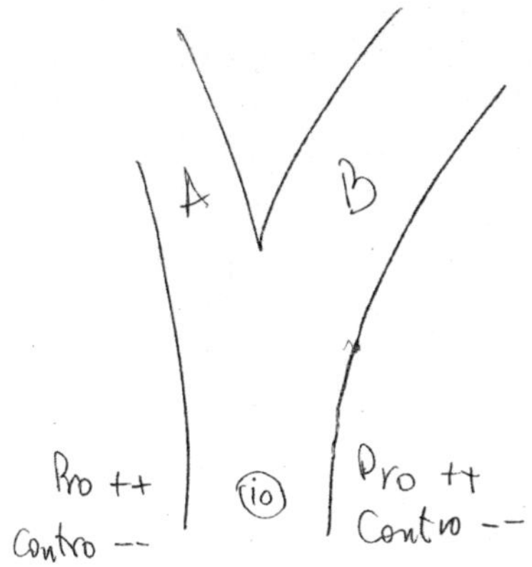

Condizione però, quest'ultima, non facilmente percorribile in quanto statisticamente poco probabile e dunque di difficile realizzazione. E' molto più facile, invece, trovare condizioni più o meno favorevoli per entrambe le opzioni.

Come poter fare dunque la miglior scelta in questo caso?

Si tratterà, per esempio, di approfondire le varie tematiche, legate alle varie argomentazioni che supportano le due tesi che la vita ci pone innanzi, in modo da offrirci un miglior punto di vista, per permetterci così di risolvere magicamente la diatriba che ci sta creando un po' di stress e di ansia.

Ma anche qui abbiamo fatto i conti senza l'oste. Cioè, la nostra capacità di rivalutare le situazioni, non farà altro che aggiungere condizioni convenienti e non convenienti a entrambe le situazioni in lizza, con il risultato finale che non sarà possibile sicuramente avanzare, ma piuttosto rimanere in stallo.

È evidente che, anche se dovessimo riutilizzare quest'ultima strategia valutativa di approfondimento per ridefinire il tutto, andremo incontro comunque a fallimento sicuro. Che fare allora, quando la nostra analisi dei fatti, con il contributo del nostro mentale/razionale, ci lascia nel vago, senza permetterci di approdare a qualcosa di concreto ed efficace? In questo mare di incertezze e confusione sul da farsi, rimane sempre uno spazio di intervento per l'altra parte della nostra essenza di esseri umani, che non è in antitesi a quella razionale, ma piuttosto sinergica e integrativa. Di cosa stiamo parlando qui? Come potremmo definire questo alter ego della nostra esistenza? Stiamo evidentemente facendo riferimento a quello che viene definito come il nostro lato intuitivo/inconscio o se preferite animico/spirituale. Perchè è sempre lui che ci viene in soccorso quando siamo in difficoltà e ci sentiamo limitati dalle o nelle nostre conoscenze, sempre che gliene diamo l'opportunità.

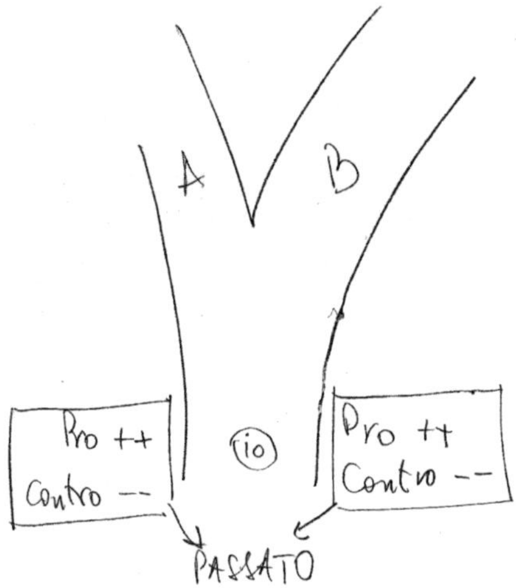

Osservando con imparzialità poi le cose che abbiamo appena enunciato, potremmo riconoscere che, tutte le varie valutazioni che potremmo offrire e considerare in merito ad una possibile scelta, avrebbero, per forza di cose, sempre a che fare con il nostro passato. Poiché il nostro mentale, in ultima analisi, è sempre costretto ad analizzare la situazione presente, facendo riferimento a quella passata, per poter scrutare possibili problematiche, già verificate e vissute, in modo da poterle evitare o gestire diversamente. Ma tutto questo, se guardato da un punto di vista evolutivo, è di poco conto. Ovvero, ricorrere al passato il più delle volte ha un significato assoggettabile ad una condizione garante della sopravvivenza, piuttosto che a quella di un buon vivere gioioso e imprevedibile.

In ultima analisi, la nostra componente razionale ha la tendenza a rimetterci costantemente in contatto con il nostro passato, cioè con il conosciuto, riducendo di fatto la nostra possibilità di farci sorprendere dalle situazioni nuove e che non conosciamo ancora. Questo atteggiamento, spesso, ci induce anche a focalizzare la nostra attenzione in modo eccessivo, facendoci perdere di vista la visione d'insieme.

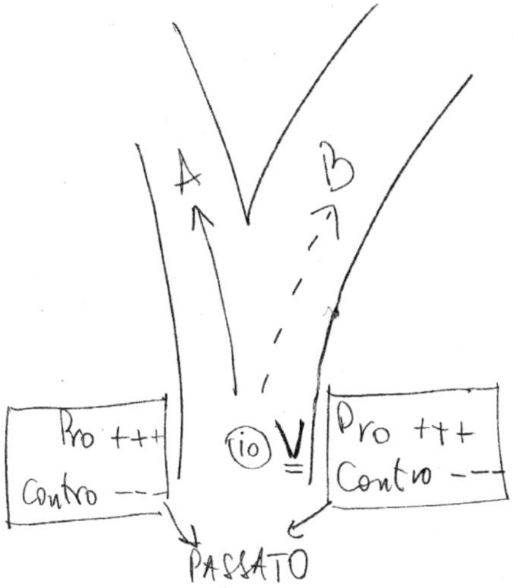

In questo contesto sarà sempre più difficile trovare una soluzione e, di conseguenza, fare anche una scelta oculata e mirata. Ma se ci lasciamo guidare dalla Vita, ascoltando quello che abbiamo definito lato animico/spirituale, potremmo invece riservarci ancora delle sorprese molto gradite e di sicuro di grande impatto. La Vita, o Dio o se volete un'altra entità a cui voi riconoscete e delegate la creazione della meraviglia che siete, dialogando con il nostro lato intuitivo, ci potrebbe sussurrare di non pre-occuparci più di tanto per la nostra scelta, in quanto in verità *non c'è, mai una strada che sia sicuramente migliore dell'altra.*

3.3 Preoccuparsi, perché

Per dirvi ciò, magari userebbe un tono di voce pacato e rassicurante utilizzando parole che suonerebbero un po' così: "Cara creatura/essenza meravigliosa, a cosa potrebbe servirti il pre-occuparti, se non a caricare di ansia la tua vita terrena, senza produrre niente di utile per te, se non il cruccio di una tua incapacità e inadeguatezza che ti porterebbero unicamente a caricare la bile o peggio ancora demineralizzare le tue ossa? Credo che già la parola stessa *preoccuparsi*, sia sufficientemente esaustiva da farti capire quanto sia meglio per te lasciarla a quelle persone che non sanno godere del *qui e ora*. Non credi?

Pre-occuparsi, ovvero occuparsi prima (pre) dei possibili eventi e incontri nella nostra vita di cui però ora non ne sei assolutamente certo. Cosa dovrebbe non essere al tuo servizio o crearti senza dei problemi ai quali, da subito, ti senti in dovere di prendere in carico con grande fatica e spirito di sacrificio? Non pensi che, proiettando nel futuro le nostre occupazioni, queste potrebbero diventare quelle famose pre-occupazioni che ci appesantiscono, rallentando il nostro cammino e ci costringono ad un enorme consumo di risorse praticamente inutile? Perché sprecare così tante energie? Stai ancorato al tuo presente e la tua vita sarà più leggera e godibile di sempre. Quando sentivi parlare del più che famoso motto *qui e ora*: cosa significava e significa tuttora per te, ma soprattutto come lo interpreti e vivi nel tuo quotidiano? E' vero che tutto accade nel 'qui e ora' che possiamo definire come unico istante che ti permette di cambiare rotta e trasformare ogni cosa. Nel *qui* e ora non esiste il tempo, ovvero non c'è un prima e un dopo, ma solo dunque uno spazio/tempo senza spazio e senza tempo. Ma torniamo a noi e al suggerimento che vorrei darti. Ti chiederai sicuramente, giunti a questo punto, come si possa fare una dichiarazione del genere senza suscitare l'ilarità di molti. Ora, se prendi qualche minuto del tuo tempo per continuare ad ascoltarmi, magari respirando lentamente e rispettando il tuo ritmo interiore, cercherò di darti qualche informazione in più.

È solo un'illusione pensare che ci sia, rispetto ad una scelta dovuta, una soluzione che debba essere necessariamente migliore di un'altra. E sai perché? Perchè è solo e unicamente quando scegli, prendendotene ovviamente la piena responsabilità, che la tua scelta diventa la migliore per te. Tutto qui.

Non è mai esistita prima una condizione migliore di un'altra, ma lo é diventata nel momento in cui tu hai scelto di sperimentarla. Te lo dirò con altre parole, poiché potrebbe non essere così chiaro comprendere in toto il significato di questo passaggio. In fondo la nostra preoccupazione di ricercare a tutti i costi la soluzione migliore è una pura credenza, dettata dal sistema sociale di cui ti sei e ci siamo impregnati: un sistema che giudica e cataloga costantemente ogni cosa. Quindi, anche in questa occasione ti aspetterai che ci sia per forza una condizione migliore di un'altra e di conseguenza ti sentirai costretto a sondare ogni conoscenza passata che hai a disposizione, per poter avvallare nel modo più rigoroso possibile una delle due opportunità che la vita ti sta offrendo, in modo da poterti assicurare quella che tu pensi possa essere la migliore soluzione possibile.

E chi sei tu per non rimanere invischiato in questo percorso interpretativo? Far tornare il passato a recriminare sulle opportunità perse per plausibili manovre errate o considerazioni fatte superficialmente che ci hanno messo in vissuti difficili e improbabili, non serve a nulla. Il passato non si può cambiare e poi sarebbe bene che tu cominciassi a renderti conto che non hai mai sbagliato nella vita, che tutto è sempre stato perfetto così, che ti sei solo forse un po' impaurito, irritato, arrabbiato e hai giudicato senza renderti conto che in ogni momento, con le risorse che avevi hai fatto sempre del tuo meglio.

Lo dimostra il fatto che se tornassi indietro, ma con a disposizione le stesse potenzialità e risorse di allora, rifaresti senza alcun dubbio quello che ti ha già portato ad essere qui oggi, a conferma della meraviglia di umano che sei. Se puoi, aprire al più presto i tuoi occhi su questa semplice e inconfutabile verità, fallo. Così la vita scorrerà più fluida e senza sforzo.

Ora potresti pensare o dire che è sempre troppo facile parlare e che, tra il dire e il fare, c'è purtroppo spesso di mezzo il mare. Quel mare inafferrabile che ti scivola addosso e non riesci mai a trattenere o controllare. Guai se potessimo domarlo, il mare. Sarebbe la nostra fine, la fine di una umanità avida di tutto ma pericolosa perché non sa più riconoscere il valore delle opportunità che ha a disposizione, *non sa più distinguere il vero dai sogni*, come diceva Francesco Guccini - anche se lui questa citazione la riferiva solo *ai vecchi che subiscono le ingiurie degli anni*. Così in mancanza della consapevolezza di sé, giudica gli altri e poi sé stesso in modo anche aggressivo e convulso.

Eppure se tu fossi veramente un cattolico con una fede comprovata e vissuta ogni santo giorno senza alcuna titubanza, tutta questa gestione sarebbe alquanto semplice. Ma è proprio qui che casca l'asino, direbbe nonno Giovanni. Dove abbiamo nascosto la nostra fede, per non riuscire neanche a poter asserire con certezza che, in quanto figli di Dio e perfetti come lui, non sbagliamo mai? Ricordate cosa potrebbe accadere davanti ad una scelta? Alle volte potremmo essere preda del dubbio, quanto più facilmente stiamo in contatto con la nostra parte più razionale, ma avremmo anche la possibilità di scegliere una via più fluida nel momento in cui dessimo ascolto alla nostra parte più intuitiva.

3.4 L'Arciere senza macchia

È come se davanti a quel bivio, prima della scelta, tutte le luci in strada fossero spente, nessuna indicazione di massima. Ma appena siamo pronti a muoverci in una direzione, qualsiasi essa sia, è proprio in quel momento che quel *meraviglioso* si rivela: all'improvviso illuminando la strada a giorno. È proprio la nostra intenzione, che utilizza la libera scelta, che fa si che la strada si illumini. "*E se avessi preso l'altra di decisione*" - così mi incalzeresti - "*E mi fossi incamminato lungo l'altro percorso, le luci si sarebbero accese lo stesso*"?

A questo punto credo che tu sia in grado anche di darti una risposta, non è vero? Ebbene sì, è proprio così. Ma non devi necessariamente credere alle mie parole, anzi. Prendere delle verità esterne che non fanno un esplicito riferimento alla nostra esperienza diretta senza poterle verificare, ci pone davanti alla possibilità di procurarci delle situazioni di instabilità, le famose scene in cui rischiamo di rimanere muti e di non saper o poter reagire in modo adeguato agli eventi.

E allora non ti rimane altro da fare che sperimentare se quello che ti sto dicendo può avere un qualche significato anche per te.

Caro lettore, guardando e ascoltando con interesse questo ultimo passaggio, mi è venuta in mente la storia di un genitore che si trovava in difficoltà con la figlia di 13 anni che credeva ancora nell'esistenza di Babbo Natale. In effetti a 13 anni si è già alle medie e non si è più delle matricole in campo scolastico. Questo genitore si sentiva in dovere di chiarire con la figlia questa situazione, anche per evitarle un possibile imbarazzo in classe o in qualsiasi altro momento, se mai un coetaneo l'avesse redarguita in merito alla sua ingenuità legata all'esistenza di quello strano personaggio che in una sola notte, passando oltremodo per dei camini anche minuscoli, riusciva a portare i regali a tutti i bambini, privilegiando quelli buoni. A dirla tutta poi come faceva a sapere chi fosse veramente buono e chi no? Aveva delle spie a disposizione? E chi erano queste spie?

Cosa suggerire al padre di dire in questa occasione, nel caso la curiosità o il dubbio del figlio l'avessero spinto a chiedere delucidazioni in merito alla veridicità della sua esistenza? D'istinto, mi sono uscite queste parole di bocca: *"Beh, il fatto di credere che una cosa esista, già di suo questa affermazione fa diventare l'oggetto dell'affermazione stessa parte integrante della realtà".* Perché non è forse così? Quando parliamo di amore per esempio, non è forse la stessa cosa? In fondo, se tu credi che ci sia dell'amore in una storia, non necessariamente di coppia perché potrebbe trattarsi di una amicizia o di una relazione genitoriale, è l'amore stesso che prende forma, colore e consistenza solo per il fatto che sei tu stesso che gli riconosci queste caratteristiche e questa valenza. E' sempre la solita storia della giraffa immaginata nella savana, ricordi?

In quel momento, a prescindere da qualsiasi discorso che si potrebbe fare in merito, la giraffa è come se fosse veramente presente nella tua vita *reale*, non solo con l'immagine ma anche con le emozioni che questo animale rappresenta nella tua vita. Che sia il senso della vista che fa percepire una giraffa o che lo faccia il nostro senso dell'immaginazione, quale potrebbe essere la differenza per il nostro cervello e per la nostra percezione? E quando sogniamo, alle volte, non abbiamo delle reazioni *come se* fossimo esattamente in presenza del nostro immaginario? Potremmo sudare, piangere, farci prendere dal panico e comunque reagire per sopravvivere a quell'evento immaginato.

Quante volte, per esempio, abbiamo sentito dire, o abbiamo detto: "*E che ci fanno quei due lì, insieme? Sono come cane e gatto!*" - se volevamo sottolineare una netta disparità di tipo caratteriale o estetico di una coppia. Ma all'amore non si comanda direbbe qualcuno così fin che credi che quella persona è perfetta per te, la frequenterai, farai del cammino con lei, sarai disponibile a condividere momenti di gioie e di difficoltà; e guai a chi cercherà di convincerti del contrario e cioè che questa non è la persona *giusta* per te. Persona *giusta*? Cioè? In che senso? E continuando così, ovviamente, non è più finita. Quindi mi fermo qui, con l'unico scopo di mantenere la barra a dritta rispetto il raggiungimento del nostro obiettivo, senza dispersione di energie.

Ricapitolando: se credi a Babbo Natale, è proprio il tuo credere alla sua esistenza che lo rende vitale e partecipativo nella tua vita. E' come per il tuo cervello quando non fa differenza tra una visione immaginata e quella reale.

Ora facciamo però due passi indietro cercando di capire come fa la vita a farsi garante di una dichiarazione così forte – *qualsiasi strada tu scelga sarà sempre la migliore per te* -, senza dubbio alcuno? Proprio per questo motivo non è sempre scontato poter accogliere certe dichiarazioni con leggerezza, senza poter comprenderne almeno in parte la potenza.

Ancora una volta, sarà necessario allargare lo sguardo e andare oltre l'evidenza, entrando di fatto nel campo imperscrutabile del prendersi il rischio di farsi sorprendere dalla vita in ogni momento. Perché la Vita non ha interessi peculiari in merito alla strada che ci accingiamo a prendere, sia che prendiamo la direzione verso destra o sinistra? Del resto non potrebbe fare altrimenti, in quanto abbiamo in ogni istante l'accesso al nostro libero arbitrio. Allora quale potrebbe essere il motivo di cotanta assertività nella sua dichiarazione? Qui la Vita fa una piccola pausa e produce una piccola correzione o meglio aggiunta. E dichiara: *"Sarà sempre la migliore purché tu sia nel rispetto della tua verità"*.

Verità? Perché mai e in che senso?

Nel senso che, ogni volta che scelgo, dovrei sentirmi in pace con la mia coscienza, ma non in primis in riferimento al benessere degli altri, ma soprattutto in riferimento al mio stare in armonia con i miei pensieri e le mie azioni. Insomma, questo vorrebbe dire che, per esempio, se non è così confortevole per noi andare a mangiare dalla suocera ogni domenica solo per fare piacere alla nostra compagna, vorrà dire che sarebbe meglio scegliere di fare altro, del tipo andare a pesca, a funghi o a fare qualsiasi cosa che mi faccia stare bene? Non sarebbe di certo una cattiva idea, questa, anzi. Percorribile? Anche sì. Perché anche se non vado a mangiare la domenica a pranzo dalla suocera con mia moglie, non cambia mica il nostro rapporto; e poi, se lascio sole quelle due, magari sono capaci di parlare delle loro storie, così permetterò loro magari di migliorare la loro comunicazione. Si potrebbe dire che saremmo anche riusciti a prendere due piccioni con una fava.

E perché mai la Vita non dovrebbe fare alcuna differenza tra le due strade che si parano innanzi a noi? Qual è la referenza sostanziale che avvalora questa tesi di intercambiabilità? La Vita, se fosse in ascolto, sarebbe divertita per la nostra capacità di rendere le cose semplici più complicate di quelle che appaiono, ma sicuramente apprezzerebbe la nostra curiosità nel ricercare una risposta in questo contesto. E potrebbe dire qualcosa che vibra cosi: "*Cosa c'è di certo nella vita e di conseguenza in ogni cammino che andiamo a intraprendere?*" Questa è sicuramente una domanda da 100 punti, come si usa dire. Per aiutarci, la Vita stessa ci chiede, con estrema semplicità, cosa significhi per noi la parola Vita: in sintesi è come se ci chiedesse di spiegare, con una manciata di parole e al solito bimbo di circa 8 anni, cosa sia la Vita stessa. Potete azzardare a dire qualcosa in merito da subito? Cos'è per voi la Vita, in una codifica *bignamistica*, naturalmente, ad ampio spettro di comprensibilità.

Prendetevi pure del tempo, perché potrebbe accadervi veramente di dover comunicare questo contenuto a questo ragazzino prima o poi, così siete costretti a porre attenzione a qualcosa che si da quasi sempre per scontato e che sin troppe volte invece rimane ancorato nelle ragnatele della nostra mente, senza potersi mai esprimere nella sua completezza. In effetti sono stati scritti fiumi di libri nel cercare di dare una definizione al concetto 'Vita': e voi, cosa potreste dire a riguardo, ma con semplicità, a quel bambino che vi sta guardando con gli occhioni di chi sa che verrà a contatto da lì a breve con una rivelazione di grande spessore e si prepara a riceverla con attenzione e meraviglia.

Se giraste la domanda a me vi potrei rispondere così: "*La Vita è, in fondo, rendere conosciuto lo sconosciuto. Tutto qui.*" In effetti, cosa fa un cucciolo d'uomo quando nasce? Non sa nulla! Se non le cose intuitive che gli garantiscono la sopravvivenza. Ma poi, come fa ad apprendere e crescere? Come riesce a mettersi seduto e poi in piedi, per poter correre dietro ad un pallone o ai suoi sogni? Dovrà fare delle esperienze, ovvero dovrà sperimentare qualcosa che non conosce, lo *sconosciuto*, e ripetere l'esperienza finché non sarà in sicurezza con quella esperienza per farla diventare di fatto *conosciuta*. E sarà sempre così per tutto ciò che incontrerà nel suo cammino.

Alla nascita per ogni bimbo tutto è quasi sconosciuto. Ma a diciotto, ventiquattro, trenta, quaranta o forse cinquanta anni, quando abbiamo già sperimentato, chi con più profitto chi con meno, una buona parte del percorso della nostra vita. Quale potrebbe essere il vero interesse e intento della Vita stessa nei nostri confronti, con l'obiettivo di farci crescere da un punto di vista evolutivo? Farci ripetere le stesse esperienza all'infinito, ricorrendo al passato ed alla sua possibilità di essere garante del farci sentire al sicuro, oppure permetterci di incontrare le cose che ancora non conosciamo, facendoci fare nuove esperienze che ci permetteranno di andare al di là dei limiti che la nostra consapevolezza di esseri umani ci impone?

Risposta quasi scontata, credo. Ma forse anche no. Eppure quando vogliamo aiutare i nostri figli a crescere, dovremmo chiederci se in realtà stiamo facendo veramente un buon lavoro con e per loro; perché se li proteggiamo in modo esagerato potremmo togliere loro, senza che ce ne accorgiamo, la possibilità di fare esperienze nuove per cui sarebbe meglio se li supportassimo solamente nei passaggi più difficili visto che è proprio in questa modalità che senza dubbio daremmo loro la possibilità di avere una vera crescita equilibrata, con una propulsione evolutiva importante fino a che non spiccheremmo il volo. In fondo credo che Gibran abbia ragione quando, in riferimento all'essere genitori dice: *"Voi siete gli archi, da cui i vostri figli come frecce viventi, scoccano in avanti. L'arciere vede il bersaglio sul sentiero dell'infinito, e Lui Vi rende con la Sua forza affinché le frecce vadano rapide e lontane. Lasciatevi con gioia flettere dalla mano dell'Arciere. Perchè così come Lui ama la freccia che vola, così Egli ama anche L'arco che rimane fermo"*.

Quanto sono vere queste parole, non credete? Non vi sentite ogni tanto un arciere, alle volte un po' troppo impaurito nel perdere di vista le sue frecce, alle quali si è affezionato nel tempo? Come è difficile il mestiere di genitore, di educatore o di accompagnatore che sia. Quello che potrebbe dare veramente forza e potenza alla collettività si rivelerà nel momento in cui sarà possibile realizzare, anche solo parzialmente, questo manifesto per la libertà e la responsabilità di ogni individuo sulla terra ovvero *che tutti gli accompagnatori del mondo si possano unire in un abbraccio sincero e umile per lasciare che la creatività e i talenti di queste meravigliose creature in essere e divenire, possano esprimersi al meglio nella gioia e nella condivisione di intenti per un bene comune, passando inevitabilmente per la consapevolezza di essere meravigliosamente perfetti così come sono e con la certezza assoluta di non avere mai commesso alcun errore in vita.*

Uauuh!....... che bello sarebbe se questo sogno potesse avverarsi ora, potrebbe dire qualcuno ancora ancorato al giudizio che elargisce più per la necessità timorosa appresa dagli altri piuttosto che per le virtù che potrebbe riconoscere in sé stesso. E' vero, non è facile cambiare questo paradigma che pesa come una zavorra intralciando e disturbando il nostro cammino. Eppure basterebbe farsi sorprendere dalla curiosità dell'incontro con lo sconosciuto, ovvero con ciò che ancora non conosciamo, in modo che molte delle nostre credenze anchilosate nel tempo potrebbero diventare più abbordabili e possibiliste di cambiamento, anche per menti tanto reazionarie.

Ricapitolando: non è importante quale strada prendiamo, l'importante è sceglierla nel rispetto della propria verità e prendendosene la responsabilità, stando quindi nell'accoglienza della realtà così com'è per poterla in ogni momento trasformare. A tal proposito ricordarsi della storia del calzino bucato.

3.5 Errare è umano: ma ne siamo proprio sicuri?

In questo momento, vogliamo aprire una parentesi su un passaggio così ardito come quello del titolo di questo sotto-capitolo? Alla semplice e pragmatica domanda che spesso faccio, del tipo: "Hai mai commesso errori?", è quasi impossibile sentirsi rispondere: *"No, mai"* – almeno così non si permetterebbero certamente di dire sia l'impiegata di turno alle prese con un titolare fin troppo esigente o una qualsiasi mamma in preda ai sensi di colpa in riferimento all'educazione dei propri figli. E questo seguendo soprattutto la falsa riga del pensiero rigoroso e impenitente del tipo: *"Ho sempre sentito dire che errare è umano e poi ho visto le stupidaggini che ho fatto io stesso, poi quelle dei miei genitori: che ritengo essere non proprio di poco conto. Per non parlare poi degli altri personaggi incontrati nella mia vita: tipo gli insegnanti, il prete, gli amici e così via"*. Sui politici poi è sempre preferibile stendere un velo pietoso.

Dico spesso un po' scherzosamente a tutti che, se mi fossi fatto pagare sempre pizza-e-birra per ogni scommessa vinta quando le persone erano disponibili a cambiare il loro punto di osservazione, avrei potuto aprire una pizzeria e vivere di rendita per almeno un anno, senza mai dover preparare alcun impasto. Qual era una delle tante scommesse che mi avrebbero fatto diventare titolare di pizzeria è presto detto. Se avessi dimostrato che non si fanno mai errori nella vita o meglio, se potevo dimostrare che la persona oggetto della sfida, non aveva mai sbagliato nella sua vita e che, ben s'intende, non l'avrebbe mai fatto nemmeno nel futuro, avrei vinto pizza-e-birra, birra media ovviamente. Ecco come si può creare dunque un locale dal niente, anche senza sforzo chiamato magari *Alla Pizza Perfetta da Charlie.*

Una volta che la persona ha accettato la sfida - posso contare sulle dita della mia mano chi non ha aderito a questa iniziativa – così comincio con uno dei miei soliti racconti, imperniati molto spesso su ambiti prettamente culinari, zona franca e molto gradita dal popolo italico.

Allora potrei cominciare in questo modo: "*Sei invitato ad un raduno per persone con grande spiritualità presso una famiglia di indiani d'America. All'interno di un'accogliente capanna, siete tutti seduti, pronti a condividere una mensa frugale. Tu non conosci il loro linguaggio e tantomeno loro conoscono l'italiano, per cui la comunicazione rimane prettamente su di un piano di tipo analogico-gestuale-spirituale. Poche parole, accompagnate da gesti, grandi occhiate e sorrisi che mettono a proprio agio tutti i convenuti.*

Tu sei lì, in attesa che accada qualcosa e pronto con il piatto in mano; per gli altri invece è evidente che stanno aspettando una tua mossa prima di dare inizio alle danze culinarie *in quanto tu risulti essere l'ospite d'onore e in quanto tale degno di particolari attenzioni. Una volta compresa la situazione, ti prendi la responsabilità di incominciare a riempire il tuo piatto. In tavola ci sono tre pietanze che tu non conosci e delle quali non potrai mai avere alcuna specifica esaustiva che si riferisca al contenuto, in modo da conoscerne in anteprima la gradevolezza. I contenitori non sono trasparenti per cui dovrai fare affidamento unicamente ai tuoi occhi che non riescono però a distinguere niente di interessante che possa aiutarti a comprendere se gli alimenti che si trovano in quelle stesse portate riusciranno a soddisfare il tuo palato.*

Quindi non ti rimane altro da fare che affidarti alla sorte mettendo sul tuo piatto una cucchiaiata della prima pietanza colorata di uno strano marrone-verde, sorridendo in modo compiaciuto alla platea dei commensali, come segno di gratitudine. Dopo aver assaporato il primo boccone, capisci da subito che sarebbe imbarazzante e quasi proibitivo per te cibarsi unicamente di quell'alimento così amaro e acre al palato. Giusto per essere buonisti in modo da evitare di definirlo semplicemente disgustoso. Così non ti rimane altro che continuare con l'assaggio delle altre due pietanze, nella speranza che ti riservino nuove e più interessanti opportunità di nutrimento per il futuro. In effetti mentre il secondo piatto non è neanche male, il terzo è decisamente molto gradevole. Dunque per soddisfare la tua fame riempi il piatto della terza portata e per differenziare i gusti lasci un piccolo spazio anche per il secondo piatto, anche per non dare troppo nell'occhio. Ha un senso se ti dico queste cose? Avresti fatto scelte diverse da quelle proposte dalla mia storia?"

Normalmente in questo frangente le persone non hanno niente da obiettare e spesso annuiscono anche con la testa, come segno di completa adesione. E io rincalzo:

"A questo punto saresti capace di fare una riflessione tra te e te asserendo che, come al solito, avresti sbagliato in quanto la tua prima scelta includeva la solita peggior pietanza? Che è come ammettere che hai una tendenza a sbagliare davanti a delle opportunità e che quest'ultima è stata solo una conferma"? In effetti c'erano tre possibilità di scelta e la persona in questione ha fatto il primo passo scegliendo la peggior pietanza cioè quella che sarebbe stato meglio evitare.

Le persone a questo punto del racconto cercano spesso di controllare la loro risposta, pensando a quali potrebbero essere le mie reali intenzioni nel momento in cui mi accingo a sottoporli a questa richiesta. Così alle volte esitano nella risposta o pensano a lungo prima di proferire parola, segno di una gestione della situazione razionale e formale, sicuramente poco connessa con l'intuitività e la naturalezza. La maggior parte di loro però in questa occasione e a ragion veduta nega di aver sbagliato e si mette in attesa, mantenendo una certa curiosità sull'esito del percorso intrapreso. Allora io incalzo:

"Troppo spesso confondiamo la sequenza degli eventi in termini temporali, cioè riscontriamo delle difficoltà nel comprendere come le cose che accadono in successione non debbano essere necessariamente confuse tra di loro e tantomeno debbano essere fatte coincidere tra di loro.

*Siamo tratti in inganno alle volte dalla consuetudine di fare le cose in modo ripetitivo, con il rischio di perdere di vista il focus del nostro intento iniziale anche perché magari siamo semplicemente distratti o superficiali. Tanto per cominciare è già importante non darsi alcuna colpa in riferimento all'aver scelto quel primo piatto così sgradevole e immangiabile perché alcune persone già qui sono in difficoltà e credono di essere in preda di un fato avverso che le costringe in qualche modo a prendere in considerazione, come prima opzione, sempre quella più sfavorevole. Magari anche incolpandosi per questo. Eppure in questo caso è quanto mai importante valutare la precisione temporale della sequenza: quando hai scelto il primo piatto, la tua scelta si riferiva unicamente all'azione dell'*assaggio *di quel primo piatto, che era non solo una scelta ma addirittura la miglior scelta che si poteva fare per conoscere la qualità e la bontà di quella portata.*

Perché è solo quando agiamo attraverso l'azione dell'assaggio che potremmo realmente accedere alla conoscenza della gradevolezza o meno del piatto in questione. Solo una volta che lo avremo assaggiato sapremo veramente se sarà possibile cibarci di lui oppure no. E' evidente che se ci farà schifo rischieremo di rimanere ancora affamati, ma se invece fosse veramente buono, potremmo affondare i nostri denti fino in fondo per dare un po' di pace al nostro stomaco. E' evidente a questo punto che la scelta fa unicamente riferimento all'esperienza dell'assaggio e non ha nulla a che vedere con il rendersi conto se il cibo potrebbe essere buono o no. Per cui se ci fosse un errore lo potremmo imputare eventualmente al fatto che pur se non ci piace quel gusto saremmo comunque disposti a mangiarlo magari per fare piacere a qualcuno o semplicemente per non offendere l'amor proprio della persona che ha prodotto quella pietanza. Ma quello che è oggettivamente evidente a tutti è che sicuramente non abbiamo fatto alcun errore nel permetterci di assaggiare quel piatto, anzi.

Ed è questo che accade ogni volta che siamo davanti ad una scelta: facciamo sempre del nostro meglio e il nostro meglio è più che sufficiente, ma non solo. La nostra scelta in ogni caso è sempre la miglior scelta in quanto ci permette di entrare in un'azione concreta di sperimentazione per ciò che non conosciamo rendendo conosciuto lo sconosciuto. *Ecco come si fa a vincere con una certa facilità quella famosa 'pizza-e-birra'. La cosa che però mi incuriosisce di più ogni volta che racconto questa storia è vedere quanto le persone rimangano favorevolmente colpite da questa semplice esposizione e si permettano di riposizionarsi nella loro vita, offrendosi nuove occasioni e opportunità di rivalutazione e di riconciliazione con sé stessi. Glielo si può leggere in faccia quel senso di maggior pace che pervade i loro cuori. Del resto è proprio nella semplicità che si rivela la vita in tutta la sua potenza e ancora una volta abbia o la prova di come siamo delle eccellenze a rendere le cose sempre più complicate di quello che sono.*

Un addestramento sinergico su più fronti, facente riferimento prevalentemente al nostro vivere la cultura dell'ambiente sociale e familiare di cui siamo impregnati, senza escludere però quegli aspetti manipolativi indotti di tipo religioso e di altra natura che sia, che ci condizionano a vivere spesso dei sensi di colpa che limitano in modo determinante la nostra autostima e la consapevolezza di quell'essere meraviglioso che siamo. In fondo facciamo delle scelte unicamente per sperimentare la vita a riprova che non sbagliamo mai, a meno che per qualcuno rendere conosciuto lo sconosciuto sia qualcosa che sarebbe meglio evitare. Percepire in questo modo il nostro quotidiano ci aiuta oltremodo a non soffermarci e a non rimuginare troppo sul passato alla ricerca dell'individuazione degli errori e delle nostre mancanze.

Nessuna correzione da fare dunque, perché non è presente alcun presupposto che ci possa indicare che in qualche occasione avremmo potuto sbagliare: tutto è perfetto così come è, noi siamo perfetti così come siamo e questo senza sentirci obbligati a fare un cambiamento nell'idea quanto mai bizzarra che ci possa essere una condizione ideale migliore di quella che già stiamo vivendo".

Ecco come arriva quella sensazione di beatitudine e di pace: con semplicità ascoltando una storia che parla di noi, della nostra vita e del nostro essere meravigliosamente viventi in questa incredibile terra che è piena di risorse per tutti i suoi abitanti. Terra che è Madre e dunque sa accoglierci senza pregiudizi, ovvero una Terra che ci prende per quello che siamo. Molte persone mi ringraziano per queste mie parole e spesso mi descrivono di essere pervasi da un senso di leggerezza e di abbandono, come una specie d'iniezione di fiducia quasi sconosciuta che si intrufola silenziosamente in quel preciso momento e che si esprime senza sforzo.

Spero vivamente che anche a te lettore possa accadere qualcosa del genere; non fosse altro per il tempo e l'impegno che stai dedicando alla lettura di questo libro. Se si guarda attentamente a tutto ciò che è stato detto finora è evidente che molto se non tutto quello che siamo, dipende dalla capacità di prenderci le nostre responsabilità scegliendo in ogni momento quello che vogliamo essere e rispondendo all'unica verità che ha un senso nella nostra vita: la nostra verità unica e irripetibile. Ricordate? Anche la Vita ce lo aveva sussurrato davanti al bivio in cui avremmo dovuto fare una scelta: *"qualsiasi strada tu prenda sarà sempre la migliore per te proprio perché sei stato tu a sceglierla, purché tu l'abbia fatto nel rispetto della tua verità".*

3.6 La verità, questa sconosciuta

Parlare della verità, della propria verità e di come possiamo sceglierla in ogni istante della nostra vita senza remora alcuna non è proprio una cosa di poco conto. A questo proposito utilizzo un'altra storia come d'abitudine per dare consistenza e chiara evidenza dell'importanza della relazione scelta-libertà, una realtà quasi indissolubile. Spesso comincio così: *"Sai chi è Nelson Mandela? Sai quello che un giorno ha detto che* nessuno nasce odiando i propri simili a causa della razza, della religione o della classe alla quale appartengono.

Gli uomini imparano a odiare e se possono imparare a odiare, possono anche imparare ad amare, perché l'amore, per il cuore umano, è più naturale dell'odio. *E sai quanti anni è stato in carcere?"* - domande quasi scontate per molti di loro anche se la precisione del numero degli anni attribuitigli in galera rimangono spesso un po' offuscati nella loro memoria, anche se questo in fondo è solo un diversivo per poter entrare nel merito della mia vera intenzione che è di guidare la persona verso la sensibilizzazione di un argomento specifico.

Quindi al di là delle risposte che ricevo continuo dicendo: *"Ma stando 27 anni in galera come faceva a professarsi uomo libero? Perché è proprio così che lui si definiva ed è esattamente questa la condizione in cui lui si riconosceva".* Incredibile a dirsi ma vero, così piano piano arrivo al punto: "M*a secondo te come fa una persona che è rinchiusa in una stanza 3mt x 2mt a dichiarare di essere un uomo libero? E poi una persona libera in carcere soffre o no di questa limitazione di libertà o di altri parametri connessi con il vivere in un istituto di pena come per esempio la qualità scadente dei pranzi frugali e dei letti non certamente troppo confortevoli?* - A questo punto le persone esprimono pareri anche discordanti tra di loro poiché non sempre è facile conciliare le sofferenze di un carcere con il sentirsi liberi. Qualcuno con fare filosofico-mentale-spirituale parla che probabilmente la non sofferenza ha a che fare con il fatto che Mandela si sentiva libero dentro, libero di pensare o libero di agire con il pensiero non valutando probabilmente in modo adeguato le privazioni di ordine fisico a cui era sottoposto e che sono parte integrante del nostro essere degli umani.

Se riportati a rivalutare le loro affermazioni mettendo della nuova luce sui fatti, spesso si ricredono e allora io li sollecito a prendere coscienza che è un dato di fatto che si possa soffrire anche se ci si sente liberi e qui Mandela *docet.* Nel senso che la sofferenza spesso accompagna la libertà ma non è vero il suo contrario cioè che per essere liberi è assolutamente necessario soffrire. Qui in effetti si potrebbe aprire una grande finestra sui pensieri simil-religiosi dove si ha la sensazione che la sofferenza in qualche modo possa favorire l'apertura delle porte ad un Mondo Nuovo. Qui mi permetto di fare l'esempio di quei bambini-bomba che in tenera età vengono spinti al suicidio indossando un giubbotto strapieno di tritolo, dunque vengono istigati a morire per una sana o santa causa, così almeno dicono le persone adulte responsabili del loro apprendimento terreno.

Assodato che non è assolutamente vera e tantomeno comprovata una via biunivoca tra sofferenza e libertà proseguo sviscerando lentamente l'elemento fondamentale della ragione del mio raccontare attraverso queste domande mirate. *"Allora come si fa a proclamarsi liberi da una prigione angusta e opprimente? Quale potrebbe essere quel valore così grande che permette ad un uomo, per quanto spinto da un animo forte e determinato, a definirsi libero in galera"?* A questo punto le persone si perdono, qualcuno azzarda qualche ipotesi poco verosimile pur di non rimanere zitto, ma niente da fare. Le risposte rimangono comunque vaghe e inconsistenti del tipo: "*Perché nessuno può imprigionare il suo pensiero*" oppure "*Perché l'uomo è libero nell'animo*" o addirittura "*La spiritualità non ha confini ed è quindi libera per antonomasia*". "*Eppure è più semplice di quello che si possa pensare; rimani nella semplicità e sarà sicuramente più facile per te trovare una risposta a questo dilemma così apparentemente intricato*". Così dopo una piccola attesa di riflessione comincio a svelare l'arcano*: "Ora ti svelerò uno dei segreti di Pulcinella: Nelson Mandela è* libero *perché ha semplicemente* scelto *di essere lì. Oppure si potrebbe anche dire: è libero perché ha scelto di non voler essere in un altro posto rispetto a dove si trova. Questo è quanto."*

Spesso chiedo alla persona se ha scelto autonomamente di venire alla consultazione nel mio studio o è stata in qualche modo *trascinata* da qualche congiunto, perché questo è quello che accade ogni tanto. In base alla risposta faccio notare come molte volte e sicuramente più spesso di quello che crediamo, ci troviamo in situazioni che non abbiamo scelto per niente: ad esempio, siamo dalla suocera mentre vorremo calpestare i verdi prati della collina oppure siamo al lavoro mentre vorremmo immergerci in un mare tropicale ricco di coralli e pesci colorati oppure semplicemente siamo da amici ma la nostra testa è altrove, magari in braccio della ragazza più bella e ambita della scuola.

Ecco, anche questo è un modo per privarsi della libertà ovvero farsi scegliere piuttosto che scegliere. Qualcuno potrebbe obiettare a questo dichiarando che il suo lavoro non è proprio gradevole ma che è indispensabile e irrinunciabile per gestire la famiglia da un punto di vista economico oppure che alle volte per accontentare i voleri del coniuge ci si costringe a fare delle cose che non sono necessariamente quelle preferite.

Eppure chi ci impedirebbe di scegliere quel lavoro proprio perché è indispensabile e irrinunciabile in questo momento dandoci di fatto la libertà di gestire economicamente la vita? Gestire economicamente la vita vuol dire che quel lavoro ci da la possibilità di essere liberi di poter mangiare, andare al cinema o in vacanza, gestire un auto e tutte le spese che riguardano ogni componente della famiglia e scusate se questo è poco! O cosa ci impedisce di scegliere invece di subire controvoglia quel momento di richiesta di partecipazione del coniuge ad un evento non precisamente piacevole, giusto per usare un eufemismo, a patto che ovviamente non duri troppo?

Quando ci mettiamo nelle condizioni di poter scegliere siamo liberi: ogni cosa, evento o situazione se scelti non ci imbrigliano e oltremodo ci danno la possibilità di renderci responsabili di ciò che andremo ad incontrare.

4. L'illusione della certezza o la certezza dell'illusione

"Se alzi un muro pensa a cosa lasci fuori"

- Italo Calvino -

Ho bisogno di te

Preghiera di Yellow Lark, capo indiano Sioux

O Grande Spirito, la cui voce sento nei venti ed il cui respiro dà vita a tutto il mondo, ascoltami. Vengo davanti a Te, uno dei tuoi tanti figli. Sono piccolo e debole. Ho bisogno della tua forza e della tua saggezza. Lasciami camminare tra le cose belle e fà che i miei occhi ammirino il tramonto rosso e oro. Fà che le mie mani rispettino ciò che Tu hai creato, e le mie orecchie siano acute nell'udire la Tua voce. Fammi saggio, così che io conosca le lezioni che hai nascosto in ogni foglia, in ogni roccia. Cerco forza, non per essere superiore ai miei fratelli, ma per essere abile a combattere il mio più grande nemico: me stesso. Fà che io sia sempre pronto a venire da Te, con mani pulite ed occhi diritti, così che quando la vita svanisce, come la luce al tramonto, il mio spirito possa venire a te senza vergogna.

Che cosa è la realtà? Qualcosa che ci unifica o che ci separa?

Esiste una realtà unica e imprescindibile o tutto ha a che fare con la percezione peculiare di ogni abitante dell'universo che fa sì che coesistano tante realtà in funzione del numero di tutti gli abitanti? Perché quello che vedo, percepisco e sento nella mia realtà non coincide sempre con la realtà che mi appare o che percepisce e sente la persona che è al mio fianco? Perché per comprendere la nostra realtà, la descrizione degli altri spesso ci confonde e ci proietta verso una condizione di instabilità e insicurezza? Perché, come diceva Lolli, *non riusciamo mai a parlare in due la stessa lingua*, anche se viviamo sotto lo stesso tetto o lo stesso cielo?

4.1 Non riusciamo mai a parlare in due la stessa lingua

Allora viviamo di illusioni o di certezze? Illusioni e certezze rispetto a chi e/o a cosa? Quello che mi sembrava certo fino ad un attimo prima può dunque perdere la sua valenza di incontrovertibilità per diventare nell'istante presente un'illusione del passato? E questa condizione potremmo definirla come una *certezza dell'illusione* ovvero come se ci fosse un libero scambio di valenza interpretativa tra illusione e certezza che ci accompagna costantemente nel nostro divenire terreno? E se fosse così, chi ci impedirebbe di poterla invece definire come l'*illusione della certezza* confermando di fatto la ferrea regola che scambiando l'ordine dei fattori il risultato non cambia?

Che buffa che è la vita: tutto può cambiare e stravolgersi da un momento all'altro e noi che ci preoccupiamo di mantenere uno status quo impeccabile e visibile in riferimento a qualcosa che in effetti un attimo dopo averlo vissuto, appartiene di fatto alla sfera del passato, patrimonio senza dubbio essenziale del nostro bagaglio di sopravvivenza, ma allo stesso tempo pericoloso nel momento in cui limita la nostra creatività che dovrebbe proiettarsi preferibilmente verso un futuro sconosciuto, garante del nostro processo evolutivo..

Ecco allora che è possibile vedere spesso le persone parlare con fermezza di argomenti così assodati da non sentire più la necessità di riprenderli in considerazione. Come mai accade questo? Forse è la persona stessa che per sentirsi al sicuro assume l'atteggiamento di chi paventa sicurezza, cercando di illudere evidentemente prima di tutto se stesso. Questo atteggiamento è cosciente o no ovvero il personaggio in questione sceglie di apparire così oppure vive un meccanismo automatico di protezione a sostegno della sopravvivenza?

Eppure basta chiedere a questa tipologia di persone o a qualsiasi altra di diversa natura di dichiarare cosa ci sia di certo in assoluto nella loro vita per creare immediatamente uno stato di allerta e agitazione nel ricercare una risposta che sia soddisfacente. Anche qui le eventuali risposte sono le più disparate: "*ho due figli*", come se nel frattempo, e non per essere cinico oppure possono dire, e questa è la risposta più gettonata, che: "*sono sicuro di dover morire*". Ma anche qui bisogna immediatamente fare un distinguo su cosa significhi la parola *morire.* In effetti sono troppe le volte in cui si danno dei valori scontati alle parole che non sono così facilmente condivisibili come in questo caso per quanto riguarda la valutazione della morte o del morire.

Basterebbe guardare la situazione, ad esempio, da un punto di vista meramente biologico per poter scoprire che in natura il nostro corpo è fatto di organi e apparati ma che questi ultimi, se andassimo verso una sfera sempre più microscopica sono formati da un agglomerato di cellule le quali a loro volta sono il risultato dell'integrazione spettacolare di milioni e milioni di atomi. Ecco dunque comprendere come quando al nostro corpo viene attribuito l'epiteto *morto,* ovvero privo di vita e dunque si fa riferimento senza ombra di dubbio ad un corpo per nessun motivo espiantabile (se non per quanto riguarda le cornee - vedere in relazione a questo argomento quanto scritto dall'autore nei libri precedenti). In effetti anche davanti alla morte fisica con arresto cardio-circolatorio monitorato per un tempo adeguato, gli atomi comunque continuano a pulsare attraverso le loro componenti misurabili e visibili ovvero gli elettroni, i neutroni e i protoni. Questi atomi non si disgregano così facilmente se non in risposta a sollecitazioni incredibilmente molto potenti di tipo *atomico*. Questo vuol dire che gli atomi di carbonio, azoto, fosforo e più chi ne ha più ne metta, nel tempo si ricompattano in qualche altro organismo che avrà sua vita propria ma che non avrà in linea di massima niente a che fare con l'organismo di provenienza.

Ma questa è ancora vita o no? Capite quanto il concetto del vivere e della vita dia adito a un ventaglio di interpretazioni dove, come già assodato, non può esistere mai un'unica verità bensì una verità che deve rispondere quantomeno alla coscienza del singolo individuo, costruita attraverso esperienze personali e attraverso esperienze apprese grazie al contributo energetico degli antenati che ci supportano a modo loro, soprattutto per quanto concerne l'ambito della sopravvivenza. Per capire questo concetto in modo semplice e diretto farò subito un esempio. Nella vostra famiglia di origine immaginate che ci sia stata una bis-bis-nonna che a 20 anni ha voluto sposare a tutti costi l'amore della sua vita di nome Osvaldo contro i voleri del padre che per questo motivo l'ha minacciata dicendole che se avesse compiuto quel gesto non avrebbe mai più avuto alcuna possibilità di poter fare ritorno a casa. Capite come quel dire paterno avrebbe potuto condizionare in modo pesante il futuro della figlia? Non poter più far ritorno nella casa del padre voleva dire perdere qualsiasi aggancio con una parvenza di sicurezza rappresentata evidentemente dal poter ricevere nutrimento e dal sentirsi in qualche modo al sicuro e protetta, cosa di non proprio poco conto per quell'epoca ma forse anche per i tempi odierni.

Questa bis-bis-nonna allora si sposa l'uomo della vita perché *merita di essere felice,* così almeno crede. Ma dopo qualche anno di matrimonio si rende conto che il suo compagno ha relazioni extra-coniugali, beve molto prima di rientrare a casa e spesso la picchia. A questo punto della storia il tutore della sua sopravvivenza, l'inconscio, comincerà sicuramente a lanciare dei messaggi forti e chiari in merito al fatto che meritarsi di essere felice, alla luce degli accadimenti, sia molto pericoloso. Questi messaggi arrivano ai posteri se non altro a garanzia della sopravvivenza della specie. Ogni esperienza degli antenati viene quindi trapassata per salvaguardare in qualche modo la vita di che verrà dopo.

Per tutto il clan a venire sarà disponibile questa informazione che dichiara un alto livello di pericolosità concernente il meritarsi di essere felice. Una persona della progenie che inconsciamente conosce benissimo questo messaggio ad esempio all'età di 3 anni sarà vivamente invitata dalla madre a non sporcarsi il vestito elegante poiché da lì a 1 ora avrebbe dovuto accompagnarla in Chiesa per una funzione importante. Nel mentre la madre avrebbe dovuto invece assentarsi per svolgere una commissione urgente. La figlia acconsente alla richiesta ma si troverà in difficoltà ad esaudirla poiché per lei è veramente difficile rinunciare al gioco con i suoi compagni per tutti i 60 minuti richiesti.

Cedendo alla tentazione si siede per terra in nome del suo diritto alla felicità.

Arriva la madre che accorgendosi del misfatto le urla addosso infuriata che era la solita figlia disubbidiente e che quella domenica non l'avrebbe più portata al cinema come promesso. Un disastro epocale per la bimba. In men che non si dica aveva:

1. perso l'amore della madre - chissà se la nutrirà e la proteggerà ancora dopo quello che ha combinato
2. perso la possibilità di andare al cinema che adorava e che attendeva da quasi più di un mese

e tutto questo solo perché aveva seguito la felicità! A questo punto della storia lei stessa realizza che la felicità alle volte può essere sconveniente (punto 2.) o addirittura pericolosa (punto 1.). Ed è qui che subentrando la memoria dell'esperienza fatta dalla bis-bis si amplifica il segnale di pericolo - come se il subconscio incalzasse dicendo: "*Anche la bis-bis te l'aveva detto!*" - e da questo momento il raggiungimento della felicità potrebbe essere realmente compromesso.

Ecco come possono condizionarci le esperienze dei nostri antenati anche se rimangono in qualche modo sempre al nostro servizio.

Ritorniamo ora ad argomentare sulle nostre credenze in fatto di certezze e di morte.

4.2 Tutti, nessuno escluso, siamo stati chi albero, chi fiore, chi pesce, chi ciliegia, chi acqua, chi……

Ricordo che quando facevo volontariato in Africa ho incontrato spesso la cultura *animista* di molte popolazioni residenti: queste persone avevano una cultura e una visione molto simili a quella degli indiani di America dove vigeva il rispetto per la natura e per tutto ciò che è vivente, compreso il regno minerale che ancora oggi per molte persone è vissuto come un Regno morto e immutabile. Si sentiva parlare di *fratello Sole* e di *sorella Luna*, concetti ripresi anche all'interno di quel sistema religioso molto vicino alla nostra cultura, nella fattispecie del suo adepto più unico che raro, tal Francesco da Assisi.

E come se non bastasse i figli, cioè i nuovi nati delle tribù dei nativi americani, prendevano quasi sempre il nome dei talenti che la natura avrebbe concesso loro, facendo quasi sempre riferimento alla natura stessa e alle sue manifestazioni (es. Toro Seduto, Luce nella Notte, etc). Eppure nulla si crea o si distrugge ma tutto si trasforma, diceva il saggio . Ecco allora come l'arcano si rivela. Così quando un organismo si disgrega si deteriorano non tutti i livelli delle parti che lo hanno costituito e queste componenti - atomi - ancora viventi semplicemente si disperdono dando vita a nuovi organismi più o meno evoluti in base all'incontro che faranno con altre realtà del loro cammino, casuale o no che sia.

Un esempio? Presto fatto. Una persona o un animale ad un certo momento della loro vita cambiano il loro stato di essere organismo vivente, disgregandosi. Così come dicono le sacre scritture è naturale ritornare alla terra (da Genesi 3,19: "con il sudore del tuo volto mangerai il pane; finché tornerai alla terra, perché da essa sei stato tratto: polvere tu sei e in polvere tornerai!"). Facciamo un esempio: gli atomi di azoto del cane di Giorgio incontrano gli atomi della nonna di Francesca nel bel mezzo della terra e vengono riassorbiti nello stesso istante dalle esili radici di un filo d'erba che viene a sua volta mangiato dalla mucca Haika.

Ecco come la materia passa da uno stato umano (nonna di Francesca) o animale (cane di Giorgio) a quello di vegetale in men che non si dica per poi ripassare ad un stato animale di mucca (es. mucca Haika) che verrà mangiata da Giorgio. Quindi Giorgio e sua nonna saranno di fatto costruiti, anche se in minima parte, dagli stessi atomi di fosforo piuttosto che di calcio o fosforo che sono stati animati e intercettati da Giorgio e nonna stessi.

Che siamo tutti Uno qui è un'evidenza. Se la materia non si può creare è evidente che nei millenni gli uomini l'hanno interscambiata per costruire di volta in volta esseri solo nella forma apparentemente molto diversi, ma non necessariamente nelle loro componenti basale, ovvero in quella atomica. Se questa rappresentazione semplificata della vita che continua oltre la morte, invece di portare chiarezza vi crea solo confusione, prestate attenzione alla prossima descrizione che fa riferimento all'incontro profondo che si ha con le persone anche senza proferir parola o conoscere il nostro interlocutore nella maniera più assoluta.

Pensate di trovarvi in una stanza con due estranei e un vostro caro amico in attesa di fare una visita dal vostro consulente di fiducia. La stanza è luminosa, arieggiata e capiente oltremisura ovvero a prova di Covid 19! Ognuno mantiene il suo spazio vitale e ognuno dei presenti respira, un'attività indispensabile e irrinunciabile per vivere. Ogni volta che espiriamo mandiamo fuori attraverso la bocca quello che il corpo in quel momento ha deciso che non gli serve più o che non è più così importante perché ce n'è già a sufficienza. Questa piccola parte rappresenta una forma diluita di quello che siamo cioè quello di cui il nostro corpo è costituito da un punto di vista fisico/materiale.

Ogni atto espiratorio equivale dunque a trasferire all'esterno del nostro corpo con diluizione minimalista la nostra realtà e presenza in questa terra. Potremmo dire che questa esternazione di boccone d'aria rappresenta di fatto chi siamo. E' come fosse una firma che si materializza fisicamente, che permea di fatto l'ambiente circostante ed è la prova certa che esistiamo in questo momento su questo meraviglioso pianeta chiamato Terra.

Ora se guardiamo con lo stesso sguardo la fase di inspirazione che succede o precede la espirazione, possiamo ricavare che questo momento è peculiare per la capacità innata, automatica e necessaria che abbiamo di portare dentro di noi quello che in quel momento si trova nelle nostre vicinanze.

Cosa si può ipotizzare in merito al contenuto e alla formazione di questo boccone che stiamo proiettando all'interno del nostro essere fisicamente attivo? Questo boccone sarà costituito da tutte quelle parti che sono state scambiate dalle persone presenti e da tutti quelli che hanno presidiato questo ambiente in tempi prossimi a quello che stiamo vivendo - potremmo aggiungere ovviamente anche altri elementi che hanno le più svariate origini.

Si potrebbe dire che siamo in un continuo scambio di elementi costitutivi del nostro corpo chimico/fisico con quelli di tutti gli altri individui presenti nei nostri incontri e che forzatamente diventano e contribuiscono al nostro patrimonio personale per il tempo che questi elementi verranno trattenuti all'interno del nostro corpo prima di essere espulsi per ritornare a compiere un nuovo viaggio di integrazione all'interno di qualche altro essere vivente.

Ecco perché siamo tutti Uno, ecco perché non ha senso giudicare l'altro che in parte è costituito da quello che siamo stati noi qualche tempo prima, ecco perché la vita è molto più inclusiva di quello che appare, ecco perché chi vuole comandare usa il famoso detto 'dividi e impera', ecco quale lapalissiano intento si cela ogni volta che qualcuno cerca di mantenere separati gli uni dagli altri, ecco perché dovremmo aumentare la nostra consapevolezza in merito alla perdita di autostima indotta dalle varie manipolazioni ma piuttosto riconoscere la meraviglia dell'essere umano che siamo in ogni istante della nostra vita. E per fare questo è necessario smettere di misurare il nostro valore facendo riferimento unicamente a ciò che siamo capaci di fare ma piuttosto a quello che siamo nella realtà senza dimenticare che abbiamo dei talenti che spesso rimangono inespressi.

E poi per dirla proprio tutta bisognerebbe prendere atto di quanto siamo stati o siamo tuttora manipolati involontariamente o intenzionalmente dal sistema sociale, familiare o religioso che ci condiziona costantemente, perversando nella nostra vita alle volte anche violentemente e cercando di privarci della libera scelta.

4.3 Nascita e morte come inizio e fine del percorso definito Vita

Si potrebbe a questo punto del nostro raccontare fare un piccolo richiamo a quella paura atavica della morte e alla sua certezza che tanto ossessiona l'uomo fin dalla notte dei tempi. Abbiamo già considerato quanto la certezza può essere considerata poco più di un'illusione o come una credenza che si fonda su arcaici concetti acquisiti - chissà quando - con molta probabilità da esperienze personali ma anche da esperienze passate dei nostri antenati con i quali siamo in qualche modo sempre in contatto.

In effetti ho sempre sentito dire che tra nascita/vita e morte c'è uno spazio ben definito in termini temporali. Si va dunque sempre da un tempo T0 (T zero) a quello T1 che teoricamente corrisponde alla lunghezza della nostra vita.

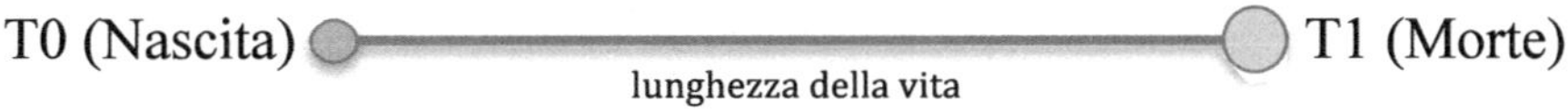

Se volete avere una riprova di questo basta che consegnate due matite in mano ad una qualsiasi persona dicendo di posizionarle nello spazio/tempo dove una rappresenta la nascita e l'altra la morte avremmo quasi sempre il medesimo posizionamento. La maggior parte delle persone avrà la tendenza a metterle distanziate tra di loro rappresentando ed evidenziando in questo modo che c'è un inizio della vita poi un certo fluire del tempo, rappresentato dalla distanza più o meno importante che esiste tra le matite, ed infine c'è un fine vita.

Potremmo anche azzardare che più distanti saranno tra loro le matite e più questo potrebbe essere un indice di ottimismo o di affidamento alla vita, predicendosene evidentemente una più o meno lunga.

Ma se non fosse così?

Di fatto questa modalità di posizionare le matite corrisponde in fondo al modo di percepire la vita alla stregua di una interpretazione della realtà, quasi sempre consacrata nel tempo da un punto di visto sociale-educativo e appresa a tal guisa con evidenti difficoltà nel credere di poterla trasformare. In ogni caso rimane sempre e solo un'interpretazione che di fatto ci congela in un credo popolare fintanto che non ci permettiamo di uscire dalle righe per prenderci la responsabilità creativa di guardare questa questione con nuovi occhi.

Con questo 'dictat' popolare indotto non si può far altro che rimanere ancorati all'immagine che la vita abbia un inizio, un tempo di percorrenza e una fine, sempre con la speranza che questa fine avvenga dopo un lungo percorso ovvero dopo un lungo tempo. Con questa modalità è evidente che più ci avviciniamo alla meta finale, cioè alla fine, che corrisponde in ultima istanza alla morte e più l'ansia cresce così come la paura della morte che pervade il nostro presente con la forte probabilità di disturbare i nostri pensieri, le nostre azioni, le nostre emozioni quindi la nostra vita nella sua interezza e integrità.

E se non ci fosse realmente una separazione tra la nascita/vita e la morte, ma fossero ciascuna una faccia della stessa medaglia? Come potrebbe essere interpretato in termini qualitativi e personali questo nuovo modo di vedere la realtà e quali potrebbero essere i risvolti e le conseguenze di questo nuovo paradigma?

Ognuno se ne faccia carico leggendo le prossime righe che spero saranno sufficientemente esaustive. Partendo da questo nuovo postulato che la nascita/vita sia concomitante alla morte bisogna prendersi del tempo e soprattutto non chiudere da subito la mente a questo cambio di paradigma in quanto essa è stata costantemente addestrata a vedere nascita/vita e morte sempre separate da uno spazio/tempo, breve o lungo che sia. A primo acchito la nostra parte razionale farà veramente difficoltà ad entrare in questo ordine di idee innovativo. Resisterà e negherà, ma se gli diamo del tempo….. chissà, potrebbe succedere qualcosa di inatteso, non prevedibile ma straordinario. Perciò consiglio il lettore un po' diffidente di leggere le prossime righe e di prendersi del tempo per farsene una ragione, rimandando eventualmente la lettura di questo capitolo anche in un secondo momento quando la parte razionale del cervello avrà dato libero sfogo alla contrapposizione reazionaria di qualcosa che appare ai suoi occhi quanto mai inverosimile e improbabile, permettendo così l'accesso a nuovi dati.

Ecco come si potrebbe allora ridisegnare l'integrazione tra nascita/vita e morte alla luce di questa nuova visione interpretativa: il punto T0 sarà coincidente con il tempo T1, legate in una modalità associativa e non di contrapposizione proprio come due facce di una stessa medaglia che non è possibile guardarle contemporaneamente se non con l'utilizzo di uno specchio o qualsiasi altro materiale che possa riprodurre in qualche modo un riflesso.

T0=T1 (Nascita e Morte)

Quando parlo di queste cose alle persone che incontro sia durante la terapia o perché no magari anche durante una cena tra amici dove per fortuna si possono ancora affrontare le argomentazioni più varie, noto molte perplessità soprattutto all'inizio di questo girovagare su cosa possano significare le parole vita e morte e come possano interagire tra loro questi due concetti solo illusoriamente contrapposti.

Ed ecco riaffiorare ancora una volta da parte mia una richiesta di sfida all'interlocutore. Sì perché credo che siamo arrivati ad un punto evolutivo per cui non sia più possibile separare il sacro dal profano ovvero la nostra parte inconscia da quella conscia ma permettere a questo nostro vivere in dualità, di abbozzare quantomeno una possibile integrazione tra questi due concetti che non sono poi mai così distanti tra loro, esattamente come per i concetti di nascita/vita e di morte.

La storia è sempre la stessa e tenderebbe pure a ripetersi, come già ci raccontava il Vico, eppure ancora oggi mi chiedo quale sia la ragione per cui in questa società siamo continuamente sollecitati a separare l'*anima* dal *corpo*, obbligandoci in qualche modo a prendere una posizione nel merito costringendoci dunque a dover negare o perlomeno a rendere poco visibile una di queste due realtà rispetto all'altra le quali sono state descritte pocanzi. E' come se ci fosse un disegno oramai non più così nascosto dove si cerca costantemente di far schierare la gente soprattutto in dualità in modo che si creino delle contrapposizioni dove sia più facile creare scontri verbali per averne dei benefici primari e secondari di qualcuno.

Qualche esempio?

- si Vax Vs/Contro noVax (dove i noVax non necessariamente sono contro i vaccini ma piuttosto a favore della libertà vaccinale),
- si Covid19 Vs no Covid19 (dove i no Covid19 non necessariamente negano l'esistenza del virus ma piuttosto denunciano le modalità con la quale viene gestito),
- caduta di due torri a New York nel 2001 Vs caduta invece di tre torri a New York nel 2001 (dove quelli che dichiarano la caduta di tre torri hanno solo avuto la possibilità di accedere a più informazioni non filtrate dai media nazionali).

Tutti contro/Vs tutti nel senso di *divide et impera* che letteralmente significherebbe *dividi e comanda* che è una locuzione latina, secondo cui il migliore espediente di una tirannide o di un'autorità, serve per controllare e governare un popolo è dividerlo, provocando rivalità e fomentando discordie.

E' evidente che in questo libro il concetto di *anima* esula forzatamente da ogni contesto di tipo religioso richiamando eventualmente un principio di affiliazione ad un popolo con i suoi costumi e le sue tradizioni. Per essere ancora più stringenti potremmo dire che *anima* "*nell'accezione più generica, come del resto nella coscienza comune, è il principio vitale dell'uomo (dal lat. anima, affine, come animus, dal gr. ἄνεμος «soffio, vento»), di cui costituisce la parte immateriale, che è origine e centro del pensiero, del sentimento, della volontà, della coscienza morale*" (da www.treccani.it).

Questo concetto di dualità che definisce questa nostra vita terrena non dovrebbe però essere un ostacolo per la conoscenza e l'apprendimento, anzi. Dovrebbe avere piuttosto l'intento di farci capire ciò che siamo in quanto esseri umani e quale sia la relazione tra il 'noi' e ciò che ci circonda, ovvero il 'non noi'; dovrebbe agevolare piuttosto che limitare permettendoci di poter osare ad andare oltre gli illusori limiti del nostro pensiero razionale e facendoci di fatto sperimentare territori inesplorati. Dunque nuove opportunità di crescita evolutiva dove, senza ombra di dubbio, devono vigere, come garanti, la piena libertà di pensiero (azione dell'*anima*) e di movimento (*corpo*).

Ma come sappiamo *non sempre tutte le ciambelle riescono con il buco* ed ecco allora come sempre più spesso rischiamo di trovarci affannati nel nostro affaccendarci del quotidiano e invischiati magari anche in una lotta, senza però capire veramente quale sia il senso di tutto questo sforzo, guidati anche da un sentito dire o da un senso di appartenenza che fa però riferimento più ad una necessità di sicurezza e protezione piuttosto che a una scelta rispettosa della propria verità che è l'unica espressione della vera libertà.

4.4 Due facce della stessa medaglia

In ultima analisi per aiutare le persone a prendere confidenza con questo nuovo paradigma che è evidente non essere una verità assoluta ma semplicemente un modello interpretativo della realtà, offro degli esempi per poter dare alla parte conscia/razionale delle evidenze per rendere il tutto più comprensibile e fruibile intellettualmente. Spesso le persone intuiscono qualcosa in riferimento al concetto che nascita e morte siano due facce della stessa medaglia anche se poi il più delle volte non riescono sempre a definirlo con chiarezza nella loro mente soprattutto nel momento in cui viene chiesto loro di esplicitarlo utilizzando parole semplici. Infatti chiedendo loro un esempio nel merito rimangono letteralmente imbambolati e frastornati anche se alle volte lo fanno con curiosità. E questo è fondamentale per mantenere una certa attenzione nell'ascolto.

In fondo il mio approccio è semplice. Quando le persone hanno posizionato le matite l'una distante dall'altra in seguito alla mia richiesta di rappresentare con esse il loro punto di nascita/vita e di morte del loro percorso terreno, mi permetto un attimo dopo di rivisitare la loro immagine facendogli vedere come le matite si possono mettere anche ravvicinate ovvero una incollata sull'altra in modo da visualizzare un modo alternativo per interpretare la percezione di quel divenire. A questo punto mi collego con questa nuova immagine delle matite unite valutando che l'inizio potrebbe coincidere con la fine o meglio che non ci può essere alcun inizio senza alcuna fine e che dopo ogni fine si presenta necessariamente un inizio, come se ci fosse un principio armonico rigenerante universale che mantiene l'omeostasi del sistema.

Per proporre questo nuovo paradigma è necessario però offrire delle nuove visioni e comprensioni della realtà che appartengano in qualche modo possibilmente ad un vissuto personale dove la persona stessa si possa riconoscere con estrema facilità. Qual è allora il miglior modo per evidenziare il fatto che ad ogni fine appare istantaneamente un inizio? In effetti questi due momenti sono sovrapponibili, coincidenti e imprescindibilmente connessi tra loro ovvero l'esistenza di uno comprende in sé e diventa testimone dell'esistenza dell'altro.

Così comincio col dire: "*So che non è così semplice comprendere quanto e come vita e morte siano sovrapponibili tra loro eppure nella vita di tutti noi si può riconoscere più di un evento in cui questo fenomeno accade con regolarità ed evidenza. Abitualmente rimaniamo nel grembo materno per circa nove mesi per poi cominciare il travaglio in modo da poter accedere alla vita extrauterina, quella in cui siamo costretti a interagire direttamente con il mondo esterno. Beh, c'è un momento in cui siamo ancora nella pancia della mamma e ci alimentiamo con il cibo e l'ossigeno grazie al cordone ombelicale e siamo protetti e cullati dal liquido amniotico. Ad un certo momento però quando usciamo dal grembo materno in qualche modo tutto cambia, non credi? Dobbiamo cominciare a respirare ed alimentarci in modo autonomo così inevitabilmente tutto cambierà: i suoni e la luce non sono più filtrati dalla pancia e dal liquido al suo interno ma colpiscono direttamente i nostri sensi. Qualcosa di incredibilmente fastidioso e alle volte violento appare improvvisamente in questa nuova vita all'esterno. Come quando in piena notte qualcuno ci sveglia urlando e ci punta un faro potente direttamente negli occhi a guisa degli interrogatori delle SS. Terribile tutto questo, ma reale e passaggio quasi obbligato.*

E' proprio in quell'istante, in quel passaggio tra il feto che eravamo in pancia della mamma e il cucciolo d'uomo che siamo diventati una volta usciti dopo il taglio del cordone ombelicale, che facciamo un passaggio dalla morte alla vita, senza alcun scarto di tempo. Nel medesimo secondo moriamo al feto che eravamo per rinascere al cucciolo d'uomo che siamo diventati. Straordinario, non crede"?

A questo punto la persona in ascolto spesso rimane senza parole apparendo come sospesa in un limbo alla ricerca di dare un senso logico e accettabile a queste parole per acquietare il mentale. Ma io non attendo e vado subito oltre, incalzando e offrendo immediatamente un altro esempio a supporto del primo: "*Ci sono altre esperienze come quella precedente che tutti viviamo nella vita a dimostrazione che vita e morte sono sempre parti sincrone e imprescindibili di una stessa realtà. Quando ad una certa età si risveglia il nostro sistema ormonale a prescindere dal fatto che siamo maschi o femmina, si crea una condizione completamente nuova nella vita. E' più facile riconoscere questo passaggio nel mondo femminile in quanto è risibilmente più visibile e constatabile attraverso quel fenomeno chiamato mestruazione.*

In ogni caso c'è per tutti un momento in cui passiamo dall'essere un umano che non può generare un suo simile al momento in cui siamo fertili e possiamo garantire il proseguimento della specie. C'è un momento in cui quella bambina innocente che gioca spensierata e sperimenta la vita con leggerezza diventa improvvisamente una potenziale madre, capace di creare la vita e cambiando incontrovertibilmente il suo status. Ecco come ancora una volta si muore alla bambina innocente che si era prima per rinascere nello stesso istante ad una possibile mamma capace a pieno titolo a far fronte ad una gravidanza e alla vita che verrà. Uauuh!!

La persona nel frattempo sta riprendendo fiato e comprende che le mie parole non sono necessariamente solo una teoria astratta ma che ci potrebbe essere qualcosa di intrigante lì dentro. Per la nostra mente conscia in effetti è sempre molto *difficile* pensare alla vita e alla morte come fatti congiunti. Per poter andare un po' oltre alle apparenze bisognerà fare almeno un piccolo sforzo per allargare lo sguardo sugli eventi che incontriamo, tornando in qualche modo a farsi sorprendere dallo *sconosciuto* piuttosto che cercare il solito ancoraggio di sopravvivenza nel *conosciuto*.

Ma qual è poi l'interpretazione ed il valore semantico che possiamo dare alla parola *difficile*? Quando diciamo che è difficile per la nostra mente conscia realizzare qualcosa è evidente che si tratta di qualcosa di limitante che ci potrebbe creare degli intoppi. La conseguenza di ciò è che in qualche modo ci viene chiesto di trovare una soluzione per poter proseguire il nostro cammino nella fluidità e nell'armonia. Ma difficile perché? Difficile in che modo? Difficile quando o quanto e da cosa dipendono tutti questi fattori?

Cerchiamo di mettere un po' di ordine in questo marasma.

5. Ma una cosa di per sé, è facile o semplice?

"La nostra rabbia e la nostra paura ci appartengono;
non fanno riferimento agli altri e dobbiamo occuparcene noi.
È difficile, ma è proprio questo il nostro viaggio".

- Moira Dempsey -

Preghiera Cheyenne
Parole di Vecchio Coyote

Concedimi, o Grande Spirito, di imparare
la lezione che hai nascosto in ogni foglia
in ogni sasso.
Io voglio essere forte,
non per dominare il mio fratello,
bensì per combattere il mio più grande
nemico: me stesso.
Fai in modo che io possa essere sempre pronto
a venire da Te con le mani pulite
e lo sguardo leale.
Così che, quando la mia vita finirà
al calare del tramonto,
il mio spirito si presenti a Te senza onta.

Se non lascerai inaridire il tuo cuore,
se farai delle piccole gentilezze ai tuoi simili,
essi ti risponderanno con affetto.
Ti doneranno pensieri amichevoli.
Più uomini aiuterai, più saranno i buoni pensieri che ti verranno rivolti.
Il fatto che ci siano degli uomini ben disposti nei tuoi confronti,
vale più d'ogni ricchezza

Quante volte abbiamo sentito dire ai nostri figli che una certa cosa era proprio *difficile* oppure la stessa frase l'abbiamo sentita dai nostri genitori o noi stessi l'abbiamo pensata e magari anche dichiarata più volte in merito alle cose che ci interessavano molto ma di cui era molto forte il dubbio di poterle realizzare. Per lo stesso motivo potremmo parlare anche delle cose cosiddette *facili* cioè quelle con le quali abbiamo sempre avuto una certa confidenza quindi non era quasi mai possibile dubitare delle nostre capacità in merito alla nostra efficacia e capacità realizzativa.

Ogni tanto però si utilizzano parole diverse per sottintendere lo stesso significato: per esempio si usa la parola *semplice* invece di *facile* e *complicato* al posto di *difficile*, non riconoscendone la diversità eclatante legata soprattutto al giudizio che insistiamo a mettere troppo spesso nella lettura degli eventi del nostro quotidiano.

"Le cose in fondo non sono mai facili o difficili ma lo diventano ai nostri occhi": sono parole che ho sentito dire da Gino Paoli ad un concerto con Ornella Vanoni. E questo mi ha fatto riflettere molto su come ancora una volta il nostro mentale ha tendenza a connettersi soprattutto con l'esperienza passata in modo da manipolare le nostre credenze.

5.1 Le cose facili possono essere complicate così come le cose difficili possono essere semplici

Per mettere un po' di ordine cominciamo con il dire che molto spesso usiamo certe parole perdendo di vista il loro significato più originale usandole in modo indifferenziato e improprio. Provate a fare una piccola riflessione in merito a *facile* Vs *semplice* e *difficile* Vs *complicato* e cercate di mettere un po' di attenzione al loro utilizzo nella vostra vita ovvero come le state utilizzando nel quotidiano. Per voi hanno la stessa valenza? Le usate abitualmente come capita in modo casuale cioè ognuna vale l'altra? Oppure potete sentirne la differenza?

Sento già qualche mormorio in sala, direbbe l'attore che comprende di non essere stato capace di agganciare a pieno titolo l'attenzione della platea. Qualcuno potrebbe chiedersi: "*Perché*? *Ci sono differenze*?" - o semplicemente dire - "*Sì, va beh ma è lo stesso!*". Eppure non è proprio così, anzi. In effetti ogni volta che si usano le parole *facile* e *difficile* siamo in un contesto in cui stiamo giudicando attraverso le nostre credenze o esperienze passate quella situazione che si presenta ai nostri occhi.

Perché ogni volta che diciamo a noi stessi o agli altri che una certa cosa è *difficile* stiamo minando in qualche modo alla base la nostra autostima. Sarebbe molto diverso se davanti alla stessa situazione ci permettessimo di dire che quella stessa cosa effettivamente è solo *complicata*. Potete sentire la differenza di questi due modi di interpretare la realtà? Provate per un attimo a cambiare la parola *difficile* con *complicata* in una vostra comunicazione interiore e portate la vostra attenzione poi sulla sensazione o percezione che ne deriva. E' cambiato qualcosa? Siete più leggeri se utilizzate una parola piuttosto che un'altra?

Se fosse così cominciate allora a cambiare il vostro modo di esprimervi, soprattutto quello non udibile dall'esterno e che continua a rimbalzare nella vostra testa come una pallina dei vecchi flipper senza mai trovare pace.

Perché quando cambiamo il linguaggio cambia la nostra realtà. Quindi la precisione del linguaggio può fare veramente la differenza nelle nostre credenze e di conseguenza nei nostri comportamenti. Come ben sapete, in questi casi alle persone propongo sempre degli esempi che spero siano sufficientemente esaustivi per dar loro la possibilità di avvicinarsi il più possibile a osare quel cambiamento di visione che non limiti le loro potenzialità.

Ecco come potrebbe essere un dialogo seguendo questa linea di conduzione: "*Che ne dite se propongo un esempio in merito all'utilizzo di certe parole che ci condizionano senza che noi ce ne possiamo accorgere? Per esempio, se io dicessi che per lei è facile o difficile fare una pasta al pomodoro, quale potrebbe essere la sua risposta?"* Ovviamente sono alla ricerca di un'evidenza quindi di una risposta scontata e per noi italiani, insomma, fare una pasta con il pomodoro rimane una cosa sicuramente fattibile. Non me ne vogliano i cuochi professionisti ma qui l'intento è unicamente quello di ricevere una risposta affermativa del tipo: "*Sì è facile*". "*Se chiedessi invece se fosse facile o difficile fare una torta Saint Honorè cosa potrebbe dirmi"?* Ovviamente qui sono alla ricerca di una risposta scontata che vira verso il *difficile*. "*Ora, se rifacessi le stesse due domande ma invece di usare le parole* facile *e* difficile *le chiedessi di utilizzare le parole* semplice *e* complicato *quali potrebbero essere le sue risposte*?" Senza ombra di dubbio le risposte in questione saranno quella di *semplice* per la pasta al pomodoro e *complicata* per la torta. E tutto questo rientra nella normalità.

Ma se rivolgessi gli stessi quesiti ad un pasticcere professionista di alto rango potrebbe cambiare qualcosa? Mettetevi per un momento al posto del mega-pasticcere a cui tra un momento rivolgerò le stesse domande? Quali sarebbero le sue risposte? Sicuramente la pasta al pomodoro sarebbe sia *facile* che *semplice* ma con molta probabilità le risposte in riferimento al *difficile* e *complicato* in merito alla torta potrebbero non coincidere con quelle precedenti, soprattutto se il nostro interlocutore è un bravo professionista, ha una buona autostima di sé e ha un eccellente esperienza come pasticcere.

Lui molto facilmente pronuncerà senza indugi queste parole: "*La torta è* facile *ma* complicata".

	Pasta al pomodoro	Torta Saint Honorè
Persona qualunque	Facile	*Difficile*
	Semplice	Complicata
Pasticcere professionista	Facile	*Facile* *
	Semplice	Complicata

* Dato che si differenzia

E' evidente che una torta importante come la Saint Honorè per un pasticcere è *complicata* in quanto richiede molto tempo, molti ingredienti e una certa competenza; ma rimane senza dubbio oltremodo *facile* per il semplice fatto che lui ne fa ogni giorno una decina da più di 30 anni; come spesso accade la differenza la fa' sempre la sua esperienza e il suo credo che, affidandosi alla sua esperienza, gli ha permesso nel tempo di produrre continuamente ottimi risultati.

5.2 Attenzione, intenzione e consapevolezza

Tante parole per capire come le nostre credenze, dunque i nostri giudizi, ci condizionano e lo fanno ancor di più quando non riusciamo a portare dell'attenzione e della consapevolezza nei nostri accadimenti. Se poi quello sguardo che ci accompagna nel cammino fosse, come abbiamo già potuto constatare, molto più giudicante piuttosto che neutrale, la 'frittata è fatta'. Tutto accadrà nello sforzo e nell'illusione che abbiamo sempre bisogno di delegare gran parte della nostra vita a qualcuno che non siamo noi, mantenendo attiva quella percezione di impotenza e di disistima che non aiuta sicuramente a farci sentire al sicuro e in pace con noi stessi.

Allora qualcuno ci dice che sarebbe meglio non essere così duri con noi stessi e che sarebbe importante in questi casi usare l'arte del perdonarsi. Ma per che cosa? Per i nostri errori forse, per le nostre incertezze o per le nostre sconfitte? Come se fosse una cosa semplice da farsi! Fatevi ora questa domanda: "*Sono mai riuscito veramente a perdonare razionalmente qualcuno che mi ha fatto un torto grave"?* E quando dico razionalmente intendo dire scegliendo di dare il perdono in quell'istante. Non sto parlando di chi ha occupato il vostro parcheggio con una manovra azzardata dopo che eravate in attesa da ½ ora sotto il sole o di chi ha saltato la fila ad un concerto facendo il furbo ed ha acquistato l'ultimo biglietto per il concerto del vostro gruppo rock preferito giusto un momento prima del vostro turno. Per quanto riguarda la possibilità di perdonare sto facendo riferimento a eventi che ci hanno toccato nel profondo, dunque difficili da controllare. Ma siamo veramente capaci di perdonare? Ma ci si potrebbe chiedere anche se realmente nella natura umana sia prevista la possibilità di perdonare. Insomma rientra questa condizione nelle abilità e nelle capacità dell'Uomo? Apparentemente sembra ci sia una risposta quasi scontata, dettata soprattutto da una cultura religioso-popolare che non lascia sempre molto spazio all'approfondimento in quanto non riuscire a rispondere in modo affermativo a questo quesito vorrebbe poter assicurarsi quel senso di colpa indotto dalla nostra incapacità a esautorare questo principio. Per questo motivo, sarà bene soffermarsi un po' di più su questo concetto. Quindi, lettore, prima di voltare pagina prova a prenderti del tempo per capire quanto nella tua vita sei stato capace di perdonare volontariamente - nel senso che hai potuto dire: "*Io ti perdono*" - oppure quante volte è stato il perdono a sceglierti presentandosi di fatto al tuo cospetto dopo un certo tempo e in modo piuttosto inaspettato.

6. Il perdono questo sconosciuto

"Il miglior modo di realizzare i propri sogni è svegliarsi"

- Paul Valery, filosofo –

Sulle 12 stanze della Vita
Enzo Bosso

Si dice che la vita sia composta da 12 stanze. 12 stanze in cui lasceremo qualcosa di noi che ci ricorderanno. 12 le stanze che ricorderemo quando saremo arrivati all'ultima. Nessuno può ricordare la prima stanza dove è stato, ma pare che questo accada nell'ultima che raggiungeremo. Stanza, significa fermarsi, ma significa anche affermarsi. Ho dovuto percorre stanze immaginarie, per necessità. Perché nella mia vita ho dei momenti in cui entro in una stanza che non mi è molto simpatica detto sinceramente. È una stanza in cui mi ritrovo bloccato per lunghi periodi, una stanza che diventa buia, piccolissima eppure immensa e impossibile da percorrere. Nei periodi in cui sono lì ho dei momenti dove mi sembra che non ne uscirò mai. Ma anche lei mi ha regalato qualcosa, mi ha incuriosito, mi ha ricordato la mia fortuna. Mi ha fatto giocare con lei. Si, perché la stanza è anche una poesia.

Nell'universo tutto è combinato.
Tutto ha un effetto da una causa e spesso ci si dimentica la causa,
ma se riconosciamo e lavoriamo su quest'ultima,
l'effetto (sintomo fisico, emotivo e spirituale)
si inchina.
Liberiamo così l'effetto
e la gioia intorno a noi. *(Anonimo)*

Imparare a perdonare noi stessi per i nostri limiti e le nostre debolezze è un mantra sentito e risentito nel tempo un po' da tante realtà, ma è evidente che la sua realizzazione non è poi così scontata né tantomeno semplice, anzi. Eppure quando ti è stato insegnato che *"se voi perdonate agli uomini le loro colpe, il Padre vostro celeste perdonerà anche a voi; ma se voi non perdonate gli uomini, neppure il Padre vostro perdonerà le vostre colpe* (Matteo 6:14-15)" non c'è poi molto scampo. Si deve fare così e basta. Così ognuno cercherà di inventarsi una procedura che funzioni pur di aderire a questo dogma del perdonare.

Siete riusciti allora a rispondere alla domanda: "*Avete mai perdonato liberamente qualcuno che vi ha veramente trattato malissimo o offeso nel vostro profondo?*" Lasciate che la vostra risposta trovi il suo spazio per esprimersi e ascoltate questo piccolo aneddoto che uso raccontare alle persone per rendere esplicito il concetto che la scelta del libero perdono non è appannaggio di questa terra, nemmeno per gli uomini di buona volontà. E così incalzo dicendo:

"Puoi immaginare di essere al un tavolo di un bar con una tua cara amica, anzi la tua miglior amica e mentre vi state bevendo una buona birra arriva un pazzo scatenato con problematiche maniacali che apre il fuoco sulla folla e ammazza la tua amica con due colpi al cuore".

E poi ancora. "*Se dopo 10 minuti dall'accaduto arrivasse un giornalista che volesse intervistarti sull'accaduto e ad un certo momento ti chiedesse se in quel preciso momento tu potessi perdonare l'assassino della tua amica, quale sarebbe la risposta che d'istinto ti potrebbe uscire dalla bocca?"*

Fino ad oggi almeno il 95% delle persone hanno utilizzato la medesima risposta con accezione negativa. Il rimanente 5%

invece ha risposto comunque allo stesso modo anche se dopo alcune titubanze e riflessioni. Per i miei interlocutori dunque non è mai stato possibile perdonare l'uomo che aveva compiuto quell'insano gesto. E per te lettore vale la stessa cosa o no? Ricorda che quella persona era la tua miglior amica con la quale condividevi ogni cosa e che ora non la potrai più riabbracciare unicamente a causa del gesto inconsulto di un pazzo criminale.

Siccome non esiste solo una Verità ma solo la nostra verità legata al bagaglio delle conoscenze ed esperienze personali o familiari che siano, trattieni per un attimo la tua risposta nel cuore e ascolta il seguito del racconto con animo aperto e curioso.

"Potrebbe accadere però che dopo 6 mesi, 2 anni, 5 o anche 10 anni tu possa incontrare nuovamente quella persona che ti ha privato di quell'amicizia così importante e vitale per te. A questo punto si possono presentare tendenzialmente due scenari: alla sua vista sei costretto a ricontattare odio e rancore e questa visione rimane del tutto insopportabile oppure puoi sentire pace e compassione per questo tizio e per tutta la vicenda nella sua interezza. Io credo che è proprio quest'ultimo atteggiamento che viene definito perdono. *Qualcosa che non hai mai scelto di vivere ma che in effetti potresti vivere; qualcosa che si fa da sola, aiutata probabilmente anche dallo scorrere del tempo ma dove non c'è alcuna scelta razionale e voluta in grado di realizzarla"*.

6.1 Il Grillo 'diversamente' parlante si rivela

Il piccolo grillo 'diversamente parlante', quello che continua a ronzare nella testa punzecchiandoci di tanto in tanto, potrebbe suggerirti qualcosa di questo genere: *"Ma vuoi che sia proprio così? Vuoi che non ci sia alcuna possibilità che tu possa essere il vero e unico protagonista di questa svolta meravigliosa legata al fatto di poter e saper perdonare?"* Questi pensieri sono quelli che ogni tanto subentrano alle persone quando finisco il racconto; ed io credo che ciò accade unicamente perché facciamo un po' tutti fatica ad analizzare la nostra vita, contattando direttamente i nostri valori per comprenderli, ma diamo fin troppo spesso le cose per scontate, mancando soprattutto di un'analisi comparativa nel tempo.

Come se una volta acquisito un valore questo rimanesse in cotale immobile condizione per sempre e non abbia più la possibilità di modificarsi anche solo in parte durante il dispiegarsi del nostro percorso di vita. Pensando in questo modo forse cerchiamo di non appesantire la vita dimenticando però quanto sia importante rimanere coerenti e congruenti con la nostra realtà per poter rispondere in modo adeguato alle domande che ci vengono poste o che ci poniamo noi stessi. Per fare questo sarà bene che impariamo a perlustrare anche gli angoli più remoti della nostra esistenza.

In realtà siamo sempre partecipi di ogni evento e di conseguenza di ogni cambiamento nella nostra vita, compreso quello che fa riferimento al *perdono*. Così se un giorno riusciamo a sentire anche solo un po' di pace davanti a un fattaccio molto crudele e inconcepibilmente inaccettabile questo è dovuto anche al fatto che abbiamo realizzato un cammino, abbiamo fatto delle esperienze e che proprio grazie all'integrazione di queste che siamo riusciti ad applicare nuovi principi nella nostra vita che ci aiutano a lenire e a rinnovare le sofferenze delle esperienze passate. Ma il perdono arriva sempre quando meno te lo aspetti: è come se si facesse da solo, in autonomia ovvero senza alcuna partecipazione di una volontà attiva. E' un po' come per la semina. Prima di mettere un seme noi possiamo solo preparare il terreno; sicuramente possiamo farlo al meglio delle nostre possibilità, delle nostre conoscenze e competenze oppure farlo in modo superficiale e distratto, ma poi sarà comunque sempre e solo il seme che sceglierà quando uscire e come esprimere il suo potenziale: diventando e realizzando la meraviglia della pianta che si cela nella sua essenza.

Come fare allora per raggiungere questo stato di beatitudine e compassione legato all'illusione che anche l'Umano possa perdonare in modo volontario? In effetti l'Umano può raggiungerla questa condizione, non per volontà diretta. In realtà può solo scegliere di poter raggiungere questo traguardo lasciandosi guidare dalla Vita attraverso le esperienze che la Vita stessa gli proporrà. Scelte che alle volte appaiono essere più *facilmente* o meglio più *semplicemente* praticabili; mentre in altri casi potrebbero apparire innanzi ai nostri occhi come degli ostacoli impervi e ardui ma che, come cerchiamo di dire da qualche pagina a questa parte, potrebbero essere viste solo non come condizioni positive né tantomeno negative ma piuttosto come qualcosa che ci viene offerto come dono al nostro servizio.

6.2 Ama te stesso come possibile via per la liberazione dell'Umanità

Ed è proprio nell'incontro con noi stessi che abbiamo la possibilità di rivelare la meraviglia che siamo. E' inutile e quasi imbarazzante dover attendere che questo riconoscimento venga dall'esterno. Poiché questo fatto in sé sarebbe non solo molto pericoloso in quanto non gioverebbe né a rafforzare la nostra autostima né tantomeno ci aiuterebbe a riconoscere il nostro valore, ma ci metterebbe oltremodo in una condizione di dipendenza manipolativa e di schiavitù. Sciavitù rispetto alle aspettative che dovremmo affrontare nel riconoscere la nostra identità in funzione delle considerazioni di persone che non siamo noi e che quindi non potranno mai conoscere veramente i nostri reali talenti né tantomeno accedere alla profondità del nostro cuore.

In sintesi: ogni volta che siamo capaci di riconoscere la nostra vera essenza che va al di là delle apparenze, è proprio questa condizione che ci permetterà di poter esprimere e realizzare in modo esaustivo il nostro potenziale. Come la verità ha la capacità di guarire le nostre sofferenze così la vera consapevolezza di ciò che siamo ci permette di sfruttare nella sua interezza e integrità tutta l'energia di cui siamo fatti, rendendoci in questo modo unici, straordinari e senza limitazioni.

Ed è esattamente questa speciale *arrendevolezza* e affidarsi alla vita che ci permette di sentire a pieno titolo quella sensazione a cui si attribuisce l'appellativo perdono. Non siamo mai noi che perdoniamo volontariamente, ma è il nostro sentirci partecipi della comunità in modo allargato che permette la realizzazione di questo evento straordinario. Non è con il nostro raziocinio che possiamo affrontare e accogliere con facilità la realtà così come si presenta ai nostri occhi ma andando al di là dell'illusione e mantenendo la rotta grazie alla passione e all'intenzione che siamo capaci di esprimere in modo creativo.

Ma, ahimè, il più delle volte non siamo mai veramente sincroni con la nostra vera essenza e ci facciamo disturbare facilmente dai mille pensieri che ci frullano per la testa e che continuano a farci interpretare e dipingere la vita e la nostra realtà con il colore dell'illusione. E' proprio un vero depistaggio fatto ad arte; come se la vita ci lanciasse una sfida con l'unico intento di farci diventare nel tempo e grazie alle nostre esperienze, dei segugi alla ricerca e alla scoperta dei misteri che si celano dietro le apparenze del nostro vivere quotidiano.

Sempre aperti alla scoperta della meraviglia che siamo. Alla scoperta della nostra vera essenza che si esprime soprattutto attraverso i nostri talenti. Un viaggio alla scoperta del valore che la parola libertà assume in questo nostro intercedere e di come in ogni momento abbiamo facoltà di scegliere se essere liberi e responsabili di ogni singola nostra azione oppure se non ci rimane altro da fare che dipendere dall'altrui volontà, delegando di fatto la nostra vita e rimettendola incautamente in mani quasi mai all'altezza della situazione.

7. Il gioco degli specchi

"L'importante non è stabilire se uno ha paura o meno,
è saper convivere con la propria paura
e non farsi condizionare dalla stessa...
perché....
..... che le cose siano così,
non vuol dire che debbano andare così"

- Giovanni Falcone -

Sulla Religione
di *Gibran*

E un anziano sacerdote disse: Parlaci della Religione.
Ed egli disse: ho parlato d'altro, quest'oggi?
Non è religione ogni riflessione e ogni atto?
E ciò che non è atto o riflessione, ma meraviglia e sorpresa che di continuo sgorgano nell'anima, anche mentre le mani spaccano la pietra o attendono al telaio?
Chi può separare la sua fede dalle azioni o le cose a cui crede dalle sue occupazioni?
Chi può spargere davanti a sé le sue ore e dire: "Queste sono per Dio e queste per me; queste per la mia anima e queste altre per il corpo?". Tutte le vostre ore sono ali che battono attraverso lo spazio dall'io all'io. Chi indossa la sua moralità come il suo abito migliore farebbe meglio a star nudo.
Il vento e il sole non bucheranno la sua pelle.
E chi determina dall'etica la propria condotta imprigiona in una gabbia il suo uccello canoro.
Il canto più libero non giunge attraverso le sbarre e i fili di ferro.
E colui per il quale l'adorazione è una finestra che si può aprire e chiudere, non ha ancora visitato la casa della sua anima le cui finestre sono aperte da alba ad alba.
La vostra vita quotidiana è il vostro tempio e la vostra religione.
………… perché nell'adorazione non potete volare più in alto delle loro speranze né umiliarvi più in basso della loro disperazione. E se volete conoscere Dio, non siate per questo dei solutori di enigmi.
Guardatevi intorno, piuttosto, e lo vedrete giocare con i vostri bambini.
E guardate nello spazio; lo vedrete camminare nella nuvola, stendere le Sue braccia nei fulmini e scendere in pioggia.
Lo vedrete sorridere nei fiori, poi levarsi e agitare le Sue mani negli alberi.

Ho notato già da tempo che molta dell'aggressività che incontro nel quotidiano ha a che fare spesso con la paura di non sentirsi all'altezza della situazione e di avere la sensazione di non poter esprimere una reazione adeguata agli eventi che incalzano. Altre volte è banalmente la credenza che tutto ci rema sempre contro e che inevitabilmente dobbiamo sfoderare una quantità importante di energia per affrontare la situazione e resistere. Sì, la parola giusta è proprio resistere, resistere per non soccombere. Ma resistere a che cosa e soprattutto a chi? Spesso non siamo nemmeno in grado di dare una risposta adeguata a tali domande da tanto siamo coinvolti in dispute di cui non conosciamo, se non solo in minima parte, causalità e disfunzionalità.

Ciò che accade purtroppo, come dicevamo, è che sempre più spesso resistiamo a oltranza, per aderire in qualche modo al richiamo di sopravvivenza. Ma questo eccesso di utilizzo energetico che mettiamo in gioco a titolo di protezione dovrà esprimersi in qualche modo, anche per non arrecare danno al nostro essere. In effetti gli eccessi di energia, se non veicolati in modo appropriato, tendono a portare con sé quasi sempre forti disagi - che si riveleranno poi essere quello che nel linguaggio *medichese* vengono definiti sintomi e malattie - che frenano e disturbano la realizzazione dei nostri intenti.

Mentre durante la giornata al contrario potremmo sollevare degli oggetti simili ad una piuma usando sempre la forza che dovremmo impegnare per alzare un sacco di patate da 40 kg.; in questo caso sarà difficile arrivare a sera senza sentirsi esausti e senza finire la settimana lavorativa indenni. Ad ogni modo è bene che questo eccesso di accumulo energetico o di consumo sfrenato delle nostre risorse venga al più presto riportato in armonia.

Qualcuno potrebbe dire però che questa iper-attivazione motoria è causata dal sistema sociale che accelera sempre di più i tempi per favorire il lato economico-finanziario a scapito di quello socio-conviviale mentre io penso che si possa fare una doppia lettura: in fondo è sempre difficile definire tra gallina e uovo chi sia stato l'artefice del primo movimento di quel circuito di vita. Comunque sia, a prescindere da chi crediamo possa effettivamente essere quel *movens* iniziale, si creerà un inevitabile ritmo alterno tra queste due realtà.

7.1 L'insegnamento

Molto spesso sono i bambini che fanno le spese di questo circuito maldestro e poco funzionale; quando sentiamo parlare di bambini che soffrono di ADD, ADHD o *dis-qualcosa* forse non stiamo portando alla luce problematiche di questa natura fisico-emozionale-comportamentale? I bambini che non stanno mai fermi non sono forse coloro che soffrono di questa fantomatica *sindrome: chi si ferma è perduto*? E da chi l'hanno acquisita se non in gran parte dagli esempi del loro vivere quotidiano tra la famiglia, la scuola o qualsiasi altro ambiente? Bisognerebbe sempre soffermarsi e chiedersi dove imparano i nostri figli a muoversi, camminare, sorridere, correre, saltare, stare seduti in modo stabile e via discorrendo.

Chi ha figli sa benissimo, ma per chi non ha figli è la stessa cosa, che non è mai stato dato da parte genitoriale alcun insegnamento diretto e specifico in riferimento a queste attività: in effetti in gran parte chi per imitazione, chi per creatività ma grazie soprattutto all'osservazione, ognuno di loro è stato capace in modo autonomo di evolversi grazie alla capacità di imitazione che gli ha permesso di riprodurre queste esperienze. Così sono diventati chi un campione di motociclismo e chi un semplice banconiere di supermercato sempre però nel segno di una realizzazione personale dove ognuno è sempre e solo maestro di sé stesso.

Non ricordo in effetti mai di aver detto alle mie figlie come avrebbero dovuto respirare o stare sedute o semplicemente sorridere alla vita; ho solo eventualmente cercato di correggerle col passare del tempo quando le ho viste respirare in modo affannoso o magari quando si sedevano con delle posture non propriamente allineate. E chissà se poi quei miei suggerimenti siano stati più o meno destabilizzanti: perché alle volte i nostri timori da genitori sommati alla illusoria credenza che avendo più esperienza di vita abbiamo anche più saggezza, ci mette in una condizione di sentirci quasi in obbligo di dover interferire con le loro scelte, disturbando di fatto quel loro cammino personale e indispensabile, fatto di esperienze ed errori e di successive correzioni e modificazioni.

Per riprendere il filo della matassa, quando dobbiamo prepararci a combattere, perché sentiamo il pericolo che ci attanaglia, la nostra biologia metterà a disposizione tutto il necessario per affrontare questa percezione della realtà, perché è sempre la percezione che dà un senso agli eventi e non il contrario.

La parola chiave a cui si attribuisce tutto ciò di cui abbiamo parlato in questo capitolo è lo *stress*. Stress come miglior risposta adattativa alla percezione di pericolo ambientale, sia vissuto come reale che come illusorio. Quando ci percepiamo sotto attacco è necessario avere a disposizione tutta l'energia necessaria per affrontare la situazione. Al tempo dell'uomo primitivo lo stress era facilmente risolvibile: l'uomo doveva cacciare belve molto pericolose per dare da mangiare alla famiglia e necessitava di molta energia e per questo come predatore/cacciatore avrebbe dovuto inseguire la sua preda mentre da predato avrebbe dovuto possibilmente scappare: in ogni caso gli serviva dell'energia per usufruire di entrambe le soluzioni e in ogni caso il tutto si risolveva nell'arco di una manciata di minuti: mors tua, vita mea.

La maggior parte delle volte era presente uno stress di alta intensità ma di corto periodo. In effetti se da predatore uccideva la belva feroce, o se da preda veniva ucciso o riusciva a sfuggire, aveva bisogno di molta energia ma non certo per un lungo lasso di tempo.

Se avete visto qualche filmato della savana, vi sarete sicuramente accorti che leonesse e antilopi vivono vicini tra loro, sempre con le seconde che si allarmano appena i leoni si avvicinano ad una distanza considerata biologicamente pericolosa. Così accade che sia il leone che parte all'attacco sia la preda che deve scappare hanno circa 5 minuti a testa per esprimere la loro massima potenza e garantirsi la sopravvivenza. Poi se il leone rinuncia, tutto si placa: il leone si rimette a riposare al sole per recuperare le energie e le antilopi riprendono la loro distanza di sicurezza e brucano ancora.

Oggi invece non viviamo più stress intensi e di breve durata ma piuttosto stress di medio-bassa intensità per lunghi periodi del tipo andare a mangiare ogni domenica dalla suocera quando voi avreste preferito andare con quella bella giornata a pescare o a funghi a da qualsiasi altra parte. Oppure la sensazione che non riuscite ad arrivare a fine mese economicamente e vi sentite come braccati dall'esattore delle tasse perché non siete riusciti a pagare le ultime cartelle esattoriali. Queste sono sensazioni che durano e dureranno per molto tempo senza raggiungere necessariamente però dei picchi di intensità eccessivi.

Questo è il problema. Il nostro sistema autonomo (SNA) non è ancora addestrato e pronto ad affrontare queste situazioni a bassa intensità per periodi prolungati e così la nostra fisiologia entra in crisi e ci procura dei disagi che si esprimono molto spesso attraverso dolori e infermità.

7.2 Rabbia o com-prensione? A chi dare ascolto?

Utilizzando un sistema valutativo che è storicamente abituato a giudicare gli eventi secondo dei parametri consueti che fanno riferimento a qualcosa del tipo: *questo è giusto* e *questo è sbagliato* oppure *cosa ho fatto di male per meritarmi tutto questo* oppure ancora *fidarsi è bene ma non fidarsi è meglio* bisogna aggiungere un ulteriore supplemento valutativo che riguarda la responsabilità della persona che è causa dei nostri mali. La persona in questione potrebbe essere qualcuno che non siamo noi, ovvero gli altri, oppure potremmo anche essere noi stessi. Questo dimostra che siamo incastrati in un meccanismo dove si debba per necessità ritenere colpevole qualcuno di qualche cosa in modo da far tacere quel famoso *grillo parlante* che spesso ci disturba con quel suo chiacchiericcio indisponente soprattutto nei momenti in cui esige a tutti costi il nome di un colpevole. Anche se in effetti sarebbe più congruo parlare di responsabilità piuttosto che di colpa.

Ma a cosa serve pensare in questo modo se non a perdere della stima verso noi stessi oppure unicamente a cercare per necessità più che per virtù un capro espiatorio che ci illuda di trovare un certo sollievo che appaghi quel disagio o quella rabbia interiore che in qualche modo devono essere giustificati. Anche se quella rabbia fin troppo spesso è intrisa di improperi e di parole velenose che di certo non fanno decisamente bene né al fegato e tantomeno alla cistifellea di chicchessia.

Realtà queste e modi di interpretazione degli eventi che hanno del surreale. Ma per fortuna c'è sempre la possibilità di cambiare lo sguardo e i filtri con cui osserviamo la realtà per cui con un po' di pazienza potrebbe accadere di imbatterci in comprensioni più lineari e fruibili in modo da offrirci un'opportunità di crescita evolutiva sia su un piano emozionale che su quello spirituale.

Qui faccio riferimento a qualcosa che ho appreso e sto vivendo, anzi sarebbe meglio dire sto cercando di vivere, già da molto tempo. Una risorsa che ho scoperto nei tempi più bui della mia vita dove tutto appariva ai miei occhi pesante e *difficile* da realizzare anche se in fondo si trattava di qualcosa di estremamente *semplice.*

Per questa ragione oggi mi ritrovo svariate volte a rivolgermi alle persone che incontro utilizzando e proponendo loro questo mio sentire a testimonianza del fatto che possiamo fare molto di più di quello che crediamo essere praticabile. E così grazie a questa nostra sensibilità, abbiamo anche la possibilità di non avvelenarci più di tanto con quella rabbia quasi irrefrenabile e con quelle incomprensioni, tanto da comprendere in qualche modo il dono che si cela dietro ogni evento che incontriamo. Poiché nella Vita tutto parla a noi e di noi. Quella Vita che ci ha adagiati con delicatezza su questa Terra e che non smetterà mai di meravigliarci offrendoci continuamente nuovi modi per interpretare e approcciare i nostri incontri esperenziali in modi diversamente consueti e ricorrenti.

Quindi riassumendo abbiamo la possibilità di utilizzare qualche opzione:

1. rimanere nella rabbia con la possibilità di rivolgerla contro di sé o contro gli altri, ma ce ne anche una seconda, che non esclude evidentemente la prima;
2. questa opzione che mi piace definire 'cabalistica' in quanto utilizza il principio dello specchio, trovo sia tanto illuminante e appagante. Illuminante in quanto mette a disposizione il senso e il significato dell'evento portando *luce* alla nostra coscienza. Appagante in quanto riduce di molto il carico del disagio nel momento in cui possiamo comprendere ciò che stiamo vivendo - comprendere dal latino *cum prendere* cioè prendere con sé - per integrarlo.

7.3 **Intartieni** ***e dintorni***

Allora comincio col mostrare alla persona da istruire in merito alla imprevedibilità della Vita e all'inconsistenza della nostra arroganza, un barattolo con molti oggetti al suo interno. Oggetti di vario tipo senza particolare rilevanza come forbici, matite, penne, gomme, etc. L'importante è che ce ne siano molti. A questo punto chiedo alla persona di prendere tra le cose che le ho presentato innanzi agli occhi un *intartieni* o una *sasizza* - qualcosa di indecifrabile che ho imparato dal mio amico Danilo.

Da qui in poi possono accadere delle cose che hanno dell'inverosimile. Ovvero qualcuno per esempio alla richiesta di afferrare un *intartieni* o una *sasizza* prende una penna o una matita o un altro oggetto molto riconoscibile e identificabile che evidentemente non ha niente a che fare con la mia richiesta. Ovviamente è comprensibile lo stato di stress del momento legato al fatto che quanto richiestogli è assai stravagante. Così la persona in questione probabilmente pur di non fare brutta figura prende il primo oggetto che gli capita tra le mani, lo indica con quel nome mai sentito prima, nell'illusoria speranza di averci azzeccato. A me il compito ora di svelare l'arcano:

"*Come si chiama l'oggetto che hai tra le mani?*"- incalzo con fare amichevole. "*Una matita*" - dice lui. Ed io senza indugiare rispondo all'istante: "*Ma io ti avevo chiesto una* sasizza. *Tu sai cos'è una* sasizza*?*". "*Beh, no*" – replica la persona con fare sommesso. " *E allora perché l'hai presa nel momento in cui avevo fatto esplicita richiesta per una* sasizza? *Avevi paura di sfigurare rimanendo inattivo per il fatto che non conoscevi il significato della parola e quindi ti sei sentito costretto a prendere un oggetto a caso? Cosa c'è di male a dichiarare la propria ignoranza, nel senso di non conoscenza? O ti è sembrato più interessante sfidare la sorte con una risposta ad alto rischio di validazione?*".

Provate a immedesimarvi nella parte della persona oggetto del mio incalzare. Qualcuno tende ad arrossire, c'è chi cerca invece di giustificarsi ma c'è anche chi sorride di quella scena in modo ironico. Effettivamente però ci sono quelle persone che alla mia richiesta, magari con fare dubitatorio e un po' titubanti mi chiedono cosa sia in effetti un *intartieni* o una *sasizza*. Se nemmeno voi sapete cosa sono e conoscete Danilo o Uccio non dovete fare altro che chiederglielo perché loro sono degli esperti in riferimento al soggetto in questione.

In ogni caso il mio colloquio prosegue chiedendo alla persona come fa a prendere dal contenitore un oggetto che non conosce e che non ha mai incontrato in vita sua. Da un punto di vista logico noi possiamo riconoscere solo oggetti di cui abbiamo già fatto esperienza nel passato. Ri-conoscere ovvero conoscere un'altra volta quindi se non l'ho mai incontrato prima e quindi non l'ho mai neanche conosciuto come potrei mai ri-conoscerlo? Questa è sicuramente un'evidenza.

Per permettere alla persona di riscattarsi gli propongo allora di prendere qualcos'altro: "*Puoi invece afferrare una penna, per cortesia?*". Richiesta assolutamente semplice da esaudire in quanto l'esperienza di una penna l'abbiamo fatta tutti almeno un centinaio di migliaia di volte nella vita per cui ri-conoscerla non arreca alcuna difficoltà di sorta. Ricordo che nel contenitore ci sono penne, matite e oggetti facilmente e non diversamente riconoscibili.

E proseguo così: "Noi possiamo ri-conoscere solo ciò di cui abbiamo fatto esperienza e conoscenza in precedenza. Se la *sasizza* non l'hai mai vista e identificata in qualche modo nel passato non sarà mai possibile vederla nel presente a meno che non fai un operazione di esclusione, che comunque non ti garantirà un esito certo. In effetti se nel contenitore conosco ogni singolo oggetto, tranne uno, è probabile che questo sia quello richiesto, ma se ne rimanessero due o più di oggetti sconosciuti mi ritroverei al punto di partenza.

Come volevasi dimostrare. Per quanto ne so la parola *intartieni* non è neanche qualcosa di materiale, così come la parola *sasizza*. In effetti proprio per questa ragione mi permetto di usarli in quanto vocaboli poco conosciuti, soprattutto al nord e quindi poco ri-conoscibili.

7.4 Trasformare la rabbia in opportunità

Mentre si parla con le persone è importante comprendere quanto queste siano capaci in quel preciso momento di rimanere presenti al dialogo, alla comunicazione e alla comprensione del significato che si cela dietro le parole che si usano per veicolare certi concetti.

Una volta capito che possiamo unicamente ri-conoscere nella nostra vita cose già viste o che abbiamo già sperimentato, chiedo alla persona quale sia stato l'ultimo disagio che l'abbia messa in particolare difficoltà. Le chiedo inoltre di rimanere in contatto con quella esperienza poco edificante per poter rievocare una certa dose di contenuto emozionale per il tempo necessario della nostra chiacchierata. Spesso questi disagi fanno riferimento alle relazioni che intessiamo nei vari ambiti del nostro quotidiano a partire da quello familiare per arrivare a quello lavorativo senza dimenticare quello inerente le nostre amicizie o gli affari di cuore. Situazioni dunque che in qualche modo ci arrecano dei disagi emotivi che spesso li identifichiamo in modo generalista con il sentimento della rabbia e che non sempre riusciamo ad esternare ma che fin troppo spesso rimangono inespressi e giacenti nelle profondità delle nostre inserzioni muscolari e nei nostri organi.

In realtà quello che ritroviamo nei nostri muscoli ed organi sono energie concentrate - sarebbe meglio usare il termine *congeste* - , che hanno difficoltà ad esprimersi e che nel tempo possono *densificarsi* creando disturbi di varia natura. Ricordate? La materia è energia, almeno così argomentava il grande Einstein. Su questo argomento ovviamente si potrebbe aprire un capitolo ma per il momento sarà meglio sorvolare anche se sicuramente sarà il tema di uno dei miei prossimi libri.

La cosa interessante è che ogni volta che sperimentiamo la vita oppure vediamo vivere in famiglia o nel circuito delle amicizie qualcosa che leggiamo in qualche modo essere una forma di rabbia, abbiamo sempre la possibilità di metterci in gioco per trasformare l'*energia* di questo fenomeno/evento. Perché la rabbia è espressione generalizzata di uno stress, anzi della nostra reazione ad uno stress che ci costringe a rispondere in modo automatico, mettendoci forzatamente in allarme e alla ricerca di protezione.

Tutto questo per rispondere in modo adeguato al richiamo di quello che noi chiamiamo sopravvivenza. Quella sopravvivenza che abbiamo già visto essere necessaria e garante della vita. Perché che comunque tu lo creda o no, caro lettore, dietro ad un sintomo fisico (es. sciatica) o emozionale (es. rabbia) che sono semplicemente espressione dell'effetto delle nostre percezioni si cela un mondo di informazioni di tipo causale che si possono decodificare per comprenderne il significato evolutivo più recondito. Per maggiori dettagli leggere i libri precedenti dell'autore che si trovano nelle ultime pagine del libro.

Prendiamo per l'occasione l'esempio del signor X. Alla mia richiesta di contattare un evento che l'avesse fatto particolarmente arrabbiare lui mi rispose così: "*Certo che ne sono capace,* ce *l'ho ancora qui sullo stomaco!".* Non è necessario che la persona vi spieghi i fatti nella sua interezza perché noi ci rivolgiamo e siamo sempre più interessati a conoscere piuttosto la percezione dei fatti che non i fatti in sé stessi. Ma quello che veramente chiedo è di dare un nome, cioè nominare attraverso una parola quella sensazione che fa riferimento a quel preciso evento. Quindi dare un nome a quella rabbia per poterla definire dandole magari una forma ed un colore precisi.

E' come se noi andassimo in un ristorante e chiedessimo al cameriere cosa ci potrebbe riservare la cucina per quel giorno e il cameriere ci rispondesse tra il serio e il faceto: "*Beh, oggi ci sono dei primi e dei secondi piatti, con la possibilità di avere anche un antipasto e magari un dolce alla fine*". Troppo generico e scontato e dunque impossibile da decifrare per quanto riguarda quantomeno la possibilità di poter scegliere delle pietanze per soddisfare il nostro impellente bisogno di nutrimento. È evidente che se non riesci, se non puoi o semplicemente non sei capace di definire con un nome l'oggetto della tua diatriba conflittuale sarà difficile che accada qualcosa o che semplicemente tu possa incidere in maniera efficace sulla sua trasformazione.

Ma è vera anche al formula inversa cioè che se al cameriere di prima non sai o non puoi definire esattamente quello che vorresti mangiare, lui starà fermo e non potrà accadere proprio nulla. Ma appena tu riconoscerai che il tuo bisogno è un bel piatto di pasta al pomodoro, nel giro di poco tempo il cameriere sarà solo felice di accontentarti esaudendo il tuo desiderio e portandoti il bel piatto caldo e fumante richiesto.

Un pò come ci ha insegnato la Vita quando ci dice: "*Chiedi e ti verrà dato*". L'avete mai sentita questa frase? La Vita non sceglie mai per noi. Ha rispetto di noi, del nostro libero arbitro e della nostra capacità di saper interagire nelle situazioni più disparate. E fintanto che non riusciamo a definire chiaramente quale sia la nostra direzione di marcia ovvero la nostra scelta, identificandola con trasparenza attraverso un nome, non accade nulla. Tutto è sospeso come ci fosse un grande potenziale che non riesce però ad esprimersi nella sua meravigliosa completezza. Eppure basterà che noi lanciamo un segnale, nominando di fatto quello che è nelle nostre intenzioni e il vento sarà subito in poppa al nostro veliero. La Vita immediatamente si schiererà al nostro fianco e ci accompagnerà in questo nuovo cammino di scoperta, sostenendoci sempre e soprattutto nei momenti più difficili.

Così funziona anche per la rabbia: sei arrabbiato? Sei molto infastidito? Bisogna assolutamente dare un nome a questa rabbia, identificandola perché solo così potremmo portare in coscienza cosa veramente ci ha dato fastidio e turbato in quell'evento. Portare in coscienza significa anche nominarlo l'evento che ci ha così tanto disturbato da non farci più dormire la notte costringendoci a rimuginare notte e giorno occupando e affaticando la nostra mente in modo estremo.

Il signor X allora alla mia richiesta di specificare meglio, ovvero alla richiesta di nominare la sensazione che in qualche modo poteva riassumere in modo esaustivo la sensazione ricevuta, mi disse:

"Cavolo! Non mi ha proprio rispettato".

Ecco qui la vera chiave di svolta per permetterci di fare una lettura più precisa non tanto sui fatti come dicevamo ma soprattutto sulla percezione di quei fatti che sono in qualche modo entrati in risonanza con il signor X.

7.5 La risonanza: fenomeno tanto presente nella nostra vita quanto poco conosciuto

Qui diventa necessario aprire una piccola parentesi per comprendere il valore del concetto di risonanza e come questo principio della fisica sia costantemente presente nella nostra vita. E quando dico costantemente vuol dire che un secondo sì e un secondo anche siamo in una continua risonanza per il semplice fatto che siamo vivi e continuiamo a muoverci, oscillare e vibrare siamo a tutti gli effetti sempre in risonanza con tutte le realtà ed esperienze che ci circondano e con le quali siamo in contatto.

In fisica il fenomeno della risonanza è un'amplificazione dell'ampiezza delle oscillazioni di un sistema ottenuta somministrando energia sotto forma di impulsi periodici anche di minima intensità, ma con la stessa frequenza di oscillazione del sistema oscillante: che tradotto in un linguaggio più comprensibile corrisponde in qualche modo a quello che si definisce Legge dell'Attrazione, ovvero due cose simili si attraggono ovvero risuonano.

Per fare un esempio concreto e più esplicito basta pensare a due chitarre a 6 corde. La prima corda partendo dall'alto corrisponde alla nota *mi (*definita anche con la lettera *E).* Se la pizzico avrò un suono corrispondente a quella frequenza che abitualmente ci hanno insegnato a chiamarla *mi.* Se avvicinassimo l'altra chitarra mentre suoniamo questo *mi,* la stessa corda *mi* di quest'ultima si metterebbe quasi istantaneamente - c'è una latenza temporale tra i due suoni mi che fanno riferimento alla velocità di propagazione del suono nel mezzo aereo - a vibrare per effetto della risonanza appunto, producendo un suono che sicuramente avrà un'intensità molto inferiore, ma sarà sempre e comunque la nota *mi.*

Ecco cos'è il fenomeno di risonanza.

Nella nostra vita la risonanza è come quando siamo risvegliati grazie a questo fenomeno da una qualsiasi cosa che proviene dalla realtà esterna ma che necessariamente corrisponde a qualcosa che comunque già ci appartiene. Un qualcosa che vibra alla stessa frequenza e che evidentemente in qualche modo la rappresenta: ciò a dimostrazione che non siamo mai separati ma che c'è un *continuum* tra noi e ciò che non siamo noi, anche quando non ne abbiamo coscienza.

Questo *continuum* che si esprima a livello energetico, logico o analogico che sia, è sempre una vibrazione che risveglia una parte di noi. Non una parte qualsiasi ben si intende. Ma sempre un elemento che abbia un valore corrispondente in modo che il sistema non possa mai esimersi dal risuonare facendo di fatto vibrare le due parti all'unisono, anche se con intensità e sincronia differenti.

Il signor X ci ha appena dichiarato che la sua rabbia la poteva nominare *mancanza di rispetto.* E voi quale nome potete dare alla *rabbia* che vi ha attanagliato l'ultima volta, accelerando il vostro battito cardiaco e aumentando la frequenza del vostro respiro con l'evidente accorciamento dell'escursione respiratoria sia in fase di entrata che di uscita dell'aria?

Caro lettore prenditi pure del tempo per lavorare su questa cosa, anzi per elaborare il tuo vissuto rendendo la sua interpretazione più confortevole e di più facile lettura. Appoggia il libro sul tavolo o in qualsiasi altro luogo con la raccomandazione di non perdere il segno ma soprattutto di non avere fretta per rimanere in contatto con quella sensazione illusoriamente sgradevole ma non per questo altrettanto illuminante.

Nel momento in cui come è accaduto per il signor X sei riuscito a nominare con una certa precisione quel forte *disagio,* riprendi pure il libro in mano e continua a seguire i dialoghi, ricavandone quel principio che ha valore unicamente per te se applicato alla tua situazione e al tuo vissuto.

"*Caro signor X ormai ti sarà evidente che se hai percepito una mancanza di rispetto, questa condizione di sofferenza appartiene a te, è qualcosa di ricorrente nella tua vita, cioè l'hai già vissuta altrimenti non potresti* averla vista, *non potresti* accorgerti *della sua esistenza poiché abbiamo già potuto appurare che tu puoi vedere solo ciò di cui hai già fatto esperienza. Ricordi l'*intartieni*? Se non ne hai mai fatto esperienza non lo potresti mai riconoscere. Così allo stesso modo se non avessi mai fatto l'esperienza della* mancanza di rispetto *non avresti mai potuto* *accorgerti della sua esistenza e non avresti potuto nemmeno arrabbiarti perché questa sensazione sarebbe stata semplicemente invisibile ai tuoi occhi e al tuo cuore.*

E se avessi potuto prendere in considerazione anche solo per un attimo questo modo di leggere gli eventi della tua vita non avresti avuto nemmeno la necessità di trovare un colpevole a tutti i costi, sia che si fosse trattato di te stesso o di una terza persona. Fai attenzione a questo fatto perché è di fondamentale e strategica importanza. Ricorda: puoi arrabbiarti solo per qualcosa che hai già conosciuto per il fatto che sta semplicemente risuonando nella tua vita proprio nell'istante presente e che ti appartiene. Ed è proprio in funzione di questa appartenenza che ne sei responsabile. Come fai in effetti a dare la colpa a qualcun altro di qualcosa che ti appartiene in quanto solo tu lo stai riconoscendo a dimostrazione che questo fenomeno di risonanza è parte integrante della tua storia di vita?"

7.6 Rilasciare il giudizio e il senso di colpa per riappacificarsi con la Vita

A questo punto riprendere fiato, facendo giusto qualche ampio respiro, non sarebbe poi una cattiva idea. Diamo aria e ossigeno al cervello che ne ha sempre bisogno. Curiosità: lo sai che il nostro cervello rappresenta solo il 2% del peso corporeo ma consuma ben il 25% del fabbisogno quotidiano di ossigeno? Giusto una nota per comprendere grossolanamente quanto sia di fondamentale importanza per tutti respirare bene ed in modo efficace e naturale.

Andiamo avanti.

"*Cambiando però il tuo punto di osservazione, caro signor X, ti sei dato la possibilità di far sparire o quantomeno di sfumare quella sensazione di rabbia, soprattutto nel momento in cui sei stato capace di identificare la sensazione, nominandola. Quella sensazione che ti ha dato la possibilità di re-incontrare quella esperienza di sofferenza del passato e che è stata richiamata ancora una volta nella tua vita da quella percezione sgradevole del presente, grazie al suddetto fenomeno di risonanza*".

Insomma, come si suol dire, la Vita è capace di prendere anche i famosi due piccioni con una fava.

Ma perché mai la Vita dovrebbe metterci nella condizione di percepire ancora una volta qualcosa che ci ha ferito così profondamente? Forse per proteggerci in quanto la memoria di un evento *valutato pericoloso* è bene che possa essere ricordato come allarme garante della nostra preventiva incolumità? Questo potrebbe avere un senso, sempre al nostro servizio come abbiamo già detto. Ma se invece ci fosse anche una connotazione di tipo intenzionale da parte della Vita? Nel senso che ci sarebbe concesso di portare in coscienza in quel preciso istante quell'evento unicamente per il fatto che la Vita stessa ha riconosciuto che siamo pronti, grazie alla nostra maturità evolutiva fatta di esperienze, a trasformare questa energia di rabbia/mancanza di rispetto?

Scusate se mi ripeto ma questo fatto è troppo importante: notare come ancora una volta ogni cosa appaia essere sempre e comunque al nostro servizio. Caspita, che meraviglia!

Spesso in effetti le sensazioni molto sgradevoli e difficili da gestire soprattutto in termini emozionali tendiamo a nasconderle perché, non riuscendole ad affrontare direttamente per mancanza magari di risorse momentanee. Cerchiamo in questo modo di impedir loro di non farci più soffrire. Eppure anche se cerchiamo di emarginarle, rimangono latenti nel nostro quotidiano, sempre pronte ad esplodere quando meno ce lo aspettiamo.

Quante volte in effetti siamo apparentemente sereni e tranquilli ma di colpo, per un evento che definiremo alle volte quasi banale o insignificante e tutto ci crolla addosso. Ci facciamo prendere così da una sensazione incomprensibile e indecifrabile di quasi devastazione per il nostro intelletto che, come abbiamo già visto, è più facilmente decifrabile per il nostro non-conscio che è sempre in grado di decodificare ogni cosa benissimo ed in maniera coerente e esauriente.

Così tutto sembra accadere all'improvviso, come per risvegliare in qualche modo la nostra coscienza rispetto a qualche episodio che abbiamo vissuto con grande difficoltà e senza la capacità di poter rispondere in un modo veramente adeguato. Sì, perché sempre più spesso per nascondere questa nostra incapacità di resilienza e di adattamento davanti agli eventi, rifugiamo il tutto nel buio della nostra coscienza soffocando in qualche angolo recondito tutta quella sofferenza che non siamo stati capaci di gestire in modo diciamo eufemisticamente 'brillante' con l'intento ultimo di ridurre i danni al minimo.

Ecco allora come la Vita ad un certo momento ci chieda con semplicità quasi disarmante di riprendere per mano quel disagio e di riportarlo alla luce e di riconoscerlo attraverso la nostra capacità di saperlo nominare. Perchè è solo quando ri-conosciamo qualcosa che la possiamo nominare col fine magari di poter cominciare a relazionarci con l'oggetto del nostro disagio per poterlo rivisitare con occhi più saggi e attenti ma soprattutto senza quella grande paura che ci ha sempre condizionato nel passato.

"*Ecco, caro signor X, come la Vita ancora una volta ti venga incontro permettendoti di rielaborare i tuoi vissuti per un mero valore di crescita evolutiva accompagnandoti con il chiaro intento di far filtrare un raggio di luce nel buio della tua coscienza. In fondo basta veramente solo un piccolo raggio di luce per* bucare *il buio più profondo, impenetrabile e ostile. Così come per ogni religione che si rispetti, è evidente come indistintamente per tutte sia sempre la luce o l'energia che la rappresenta, a trasformare e guarire ogni cosa. Ecco perchè anche nelle immagini sacre di tutte le religioni si può vedere questa luce che spesso esce dalle mani della persona beatificata con intenti taumaturgici. Allora potrebbe essere sufficiente riconoscere la luce ovvero l'energia che è in noi perchè questa possa agire in termini rigenerativi coinvolgendo nel suo divenire ogni cosa che incontra, alzandone il livello energetico per favorire quel cambiamento che apparentemente non sembrava essere ancora alla nostra portata.*

Ma come si può definire quell'energia di trasformazione se mai volessimo utilizzare un sinonimo che la rappresenti in modo esaustivo ed elegante? Che ne dici se invece di *luce* potessimo parlare di *amore* che guarisce e trasforma la vita di ogni essere vivente sulla terra? Ma può essere ancora credibile questa parola alla luce di tutte le storpiature che l'uomo ha fatto nel tempo per meri interessi personali?

Eppure noi tutti siamo quell'energia e, se non bastasse, noi tutti siamo quell'amore che guarisce le ferite. E come spesso accade, siamo sempre più disponibili a credere che questa lettura interpretativa del nostro essere sia solo un'opzione, senza renderci conto che invece è semplicemente la nostra realtà di ogni giorno, concreta e illuminante quanto necessario. Evidentemente non sufficiente per coloro che sono abituati a vivere o percepire la Vita nella cecità della loro visione parziale e parzializzata.

7.7 L'amore non è una torta

L'amore. *Aaaah l'amore, questo folle sentimento che*, ci raccontavano i Formula 3 cercando di definirlo in qualche modo. Molti hanno cercato di imitarli in questa scia pur di dare un senso a uno dei sentimenti più contrastati e incomprensibili per l'umanità intera. Fiumi di parole e di musica e di molto altro si sono sempre spesi e si spenderanno per un futuro prossimo fino all'eternità. Certo è che fino a quando siamo propensi a pensare che l'amore sia una torta sarà ben dura la lezione. Cosa intendo quando dico che troppo spesso viviamo *l'amore come una torta* è presto detto.

Vi siete mai chiesti quale sia lo scopo di fare una torta? Perché mai dovreste fare una torta? Per mangiarvela da soli? Molto improbabile ma possibile. Ma quando cominciamo a farne due, tre o quattro se non vogliamo diventare degli insulino-dipendenti sarà bene che spostiamo il nostro interesse da privato a pubblico nel senso che sarà bene spartire la nostra produzione con persone vicine o lontane che siano. Quindi di solito si fanno delle fette da distribuire oppure si può anche donare direttamente l'intera torta.

Ma quando elargite la vostra produzione vi siete mai chiesti se lo fate liberamente e gratuitamente oppure avete delle aspettative nel senso che consciamente o inconsciamente rimanete in attesa che ne so io di ricevere qualcosa che può partire da un semplice grazie fino ad arrivare persino a cercare di entrare nelle grazie di colui che riceve questa meraviglia?

"*Mai più lo farei per interesse!*" - direbbe la maggior parte delle persone. Ma è proprio così? Mmm...... non saprei comunque vediamo di fare un po' di chiarezza su questo argomento.

Per una, due o forse anche per terza torta ancora ancora la vostra affermazione potrebbe essere presa in seria considerazione. Ma dopo la decima, undicesima, ventesima, centesima torta che offrite, anche se con gioia, è evidente che ci debba essere sotto qualcosa di non necessariamente visibile ai vostri occhi ma essenziale poichè *non si vede bene che con il cuore* come dice il Piccolo Principe di *Antoine de Saint-Exupéry*.

Con questo intendo dire che alla centesima torta offerta sono certo che almeno un grazie verrebbe apprezzato e che per lo stesso principio il non dire nulla verrebbe giudicato non proprio favorevolmente, tutto qui. Il che è molto umano, non credete?

E' una questione che ha a che fare con la nostra educazione nel senso che siamo stati abituati a percepire l'amore come un dare e un ricevere. C'è chi ha sentito dire *"Chi sei tu per pretendere di ricevere qualcosa se non sei stato mai capace di dare nulla"* mentre qualcun altro che *l'amore è un bisogno di vita e che è impensabile vivere senza provare amore e sentirsi amati* quindi senza dare e ricevere quell'amore. E di queste frasi ne potrei tirar fuori a bizzeffe: *vuoi vivere felice? Viaggia con due borse, una per dare, l'altra per ricevere* (Johann Wolfgang Goethe) oppure *per ottenere la felicità e raggiungere l'appagamento personale è essenziale saper dare e ricevere amore* (Dalai Lama) e così via. Sapendo che non c'è niente di giusto e sbagliato perché tutto è sempre già perfetto così com'è mi viene da pensare che ci siano delle stonature evidenti nei modi di dire e interpretare questo sentimento così coinvolgente che può trasformare all'istante la vita di chiunque.

E se questo *amore* si comportasse un po' come il *perdono*?

Ricordate cosa avevamo detto qualche pagina fa? Il perdono si fa da solo e non si può scegliere. Ma chi di voi ha potuto scegliere deliberatamente il suo amore cioè il suo compagno/a per poterlo/a amare senza alcuna limitazione? Nella mia vita io personalmente ho amato e amo tuttora ma non ho mai scelto chi e quando farlo. Eventualmente l'unica libertà che mi è stata concessa è stata quella di come poter esprimere questo amore attraverso parole e gestualità sempre legate in qualche modo alla nostra cultura e alla nostra ritualità.

Scherzosamente ho poi spesso enfatizzato ed espresso oralmente l'idea che in fondo sono quasi sempre le donne che scelgono il loro compagno. Ma quando mi ritrovo a parlare di questo argomento con i vari signori X mi rendo sempre più conto dell'induzione ipnotica globale con la quale siamo stati intrappolati per così tanto tempo; limitati da un idea che all'apparenza sicuramente è verosimile e condivisibile perché sembra evidenziare che in qualche modo ci debba sempre essere un dare e un avere in tutti gli ambiti relazionali. Purtroppo ai miei occhi si rivela sempre ogni giorno di più quanto sarebbe bene ma anche molto salutare che ci svegliassimo da questo sogno indotto da terzi e che ci lega a rimanere in contatto con memorie fumose e imprecise.

Come strada alternativa potremmo invece risvegliarci tutti insieme per andare incontro ad una realtà più semplice da comprendere, che non ci costringa a vivere in modo dogmatico facendoci ignorare completamente quanto sia importante il nostro pensare e le nostre riflessioni sui comportamenti che ci possono cambiare la vita all'istante e per sempre.

Ma se questa narrazione non fosse così scontata ai più?

Se veramente l'*amore* fosse solo una constatazione che si rivela nel momento in cui siamo capaci di riconoscere il nostro essere che è costituito di sola luce pura e ubiquitaria? Quindi se non siamo altro che luce non ci rimane altro da fare che prenderne coscienza perché è proprio questa consapevolezza che permette alla luce di esprimersi e di espandere la sua potenza ed il suo potenziale intorno a sé.

Per tirare un po' le fila di questo discorso si potrebbe dire che ogni volta che riconosco l'unicità del mio livello di evoluzione riesco ad accogliermi nella meraviglia che sono senza voler essere qualcosa di diverso rispetto a quello che sono. Ed è proprio questa accoglienza che permette alla luce che mi rappresenta di rivelarsi cominciando a permeare gli spazi circostanti e ad illuminare ogni cosa. Va da sé che sia sempre e solo la nostra luce che rischiara le tenebre intorno a noi. Usando altre parole potremmo dire che quando siamo in grado di *vedere* qualcosa che non siamo noi è unicamente merito alla nostra luce che si è potuta rivelare grazie alla nostra consapevolezza.

Quello che vediamo non è mai la luce degli altri ma bensì sempre la nostra che si riflette attraverso di loro che fungono come da specchio. Quindi le notti buie della nostra vita dipendono solo dal fatto che non riusciamo a far sì che la luce che siamo si possa esprimere al meglio delle sue possibilità magari perché siamo un po' tanto duri con noi stessi oppure ci critichiamo ma sicuramente non siamo completamente soddisfatti della nostra esistenza e in qualche modo stiamo giustificandoci colpevolizzando gli altri o direttamente noi stessi delle nostre incapacità realizzative.

Così allo stesso modo quando abbiamo la percezione che tutto intorno a noi sia luminoso e armonioso abbiamo la certezza di vivere con gioia quello che siamo con la capacità di accoglierci senza condizioni.

Vedere o non vedere la luce nella vita dipende solo da noi.

7.8 Lascia che la luce guarisca le tue sofferenze

Perché è solo quando possiamo identificarci in quella luce e anche ogni volta che riconosciamo di essere quell'amore, che diamo veramente la possibilità a questa luce/energia di rivelarsi. Non c'è alcun interruttore di fonte di luce al di fuori di noi stessi e nemmeno nessuno mai potrà rischiarare il nostro cammino per noi: non ci rimane altro da fare che rimboccarci le maniche e imparare a guardare dentro a noi alla riscoperta di quel segreto che nascondiamo con tanto sforzo praticamente quasi inutilmente.

Perché prima o poi la luce farà capolino nel buio delle nostre notti e sarà solo nostra responsabilità far sì che questo fuoco possa continuare ad ardere giorno dopo giorno apportando un giorno un legnetto che rappresenta l'accoglienza verso l'umanità e poi un altro giorno un legnetto che rappresenta la riconoscenza per quello che la Vita ci offre quotidianamente e poi ancora un altro a testimoniare che il fuoco che si esprime attraverso l'*amore* ha sempre bisogno di essere alimentato, perché anche un immenso falò se non ben nutrito prima o poi è destinato a spegnersi.

Pensando alla fisica quantistica la cosa che più mi ha sempre interessato di questa disciplina è stato proprio il concetto che spiega come l'osservatore in quanto tale cambia la realtà dell'oggetto osservato. È proprio la coscienza dell'osservazione stessa che modifica lo stato dell'oggetto in questione. L'idea che tutto sia indeterminato e non definibile e che queste condizioni possano cambiare all'istante - semplicemente perché sono state attivate da uno sguardo consapevole che riconosce e può nominare una certa realtà - è incredibilmente e semplicemente affascinante e potente nello stesso tempo.

Perché è proprio quando la si nomina che quella realtà si anima e prende vita aumentando in modo esponenziale la sua dinamicità.

Più semplicemente in fisica quantistica si racconta che esiste un principio di indeterminazione che descrive come concettualmente l'osservatore, cioè lo scienziato che fa la misura, non può mai essere considerato un semplice spettatore, ma che il suo intervento, nel misurare le cose, produce degli effetti non sempre calcolabili che dimostrano l'indeterminazione della misurazione del fenomeno stesso. Quando osserviamo dunque la realtà che ci circonda aggiungiamo di fatto a questa realtà la nostra energia e questo cambia tutto. Ecco allora che possono accadere cose che non si possono determinare dunque imprevedibili ai nostri occhi e alla nostra razionalità che però ci possono aprire a nuove opportunità facendoci così uscire da quei binari della noiosa e limitante consuetudine.

Siamo sempre stati e sempre saremo co-creatori della nostra realtà, momento dopo momento anche a nostra insaputa: perché siamo luce e dunque energia che trasforma ogni cosa. Questa trasformazione accade preferibilmente nel momento in cui nominiamo la realtà del presente con quelle parole che sempre più spesso fanno la differenza nella realizzazione della nostra vita. Questa condizione per me quasi ineluttabile, si può esprimere in ogni caso anche attraverso mille altre modalità: la parola ad esempio in certi momenti può guarirci da una certa situazione conflittuale. Ma proprio grazie a questa sua vitalità e potenzialità che allo stesso modo potrà portare devastazione o condannarci all'oblio e alla sofferenza.

Tutto accade *qui e ora*. La Vita parla e ci fa vedere solo questo *qui e ora*. Mentre il dialogare e il continuo chiacchiericcio interiori, spesso riferibili alle discordie e agli errori confutati nel passato, ci raccontano con una certa frequenza di come siamo capaci invece sempre più spesso di prediligere la Sopravvivenza in quanto utilizzatrice di territori già esplorati. Questo fatto non è necessariamente in antitesi con la Vita, anzi. Anche se la può senz'altro limitare soprattutto nel momento in cui ci rimette continuamente in contatto con i soliti giochi e ruoli che già conosciamo e abbiamo già più volte sperimentato con l'obiettivo primario di volerci proteggere a tutti costi, evitandoci sorprese sgradevoli per il futuro e che potrebbero minacciare la nostra permanenza in questa meravigliosa terra.

Una sopravvivenza quanto mai necessaria e imprescindibile da poter usufruirne però con percentuali congrue, vitali e non certamente bulgare.

Di fatto non ci sarebbe mai la Vita se non garantissimo a priori un certo livello di sopravvivenza. Ora si tratta di valutare i valori percentuali relativi: se utilizzassimo il 90% delle nostre energie per sopravvivere, quanto ne rimarrebbero per gestire la Vita che è la parte evolutivamente più interessante e interessata alla nostra crescita fisica, emotiva e spirituale? Basta fare un po' di conto e nulla più.

Chi ci accompagna in questo cammino che è la Vita, farebbe sicuramente il tifo perché noi potessimo avere un rapporto certamente diverso da quel 90 a 10. Magari sarebbe molto più interessante propendere per un 30 a 70 piuttosto che un semplice 40 a 60. Non credete? E poi quanta fatica in meno e quante soddisfazione in più con il raggiungimento di questo obiettivo!

A questo punto non ci rimane altro da fare che avere ancora una volta fede in quanto è sempre la Vita ad accompagnarci in ogni dove, sostenendoci nelle nostre scelte, sempre rispettosa del nostro libero arbitrio. Non a caso si dice "*Aiutati che il ciel ti aiuta*" nel senso che fino a quando non saremo pronti a partire verso la direzione per noi più plausibile e confortevole. Facendo possibilmente una scelta di tipo autonomo, niente si muoverà più ovvero la Vita rimarrà solo un'impassibile anche se tifosa osservatrice. Ma ecco che appena saremo pronti e capaci di spiccare il volo verso qualsiasi destinazione con la chiara intenzione di attuare dettagliatamente il nostro progetto, ecco che Lei ci affiancherà e sarà presente in ogni minimo spostamento con la cura, la grazia e la precisione che ci riserva da sempre. La Vita non può darci una direzione ma può sicuramente darci tutto il sostegno necessario per raggiungere i nostri sogni e i nostri desideri. E scusate se è poco!

8 Come ritrovarsi grazie ad un ago nel pagliaio

"Potrei perdonare Dio solo se mi presentasse le sue scuse"
- Fedor Dostojevskij -

Cos'è?
Jalal al-Din Rumi

Cos'è la paura?
- La non accettazione dell'incertezza. Se accettiamo l'incertezza, diventa un'avventura.
Cos'è l'invidia?
- La non accettazione della beatitudine nell'altro. Se lo accettiamo, diventa ispirazione.
Cos'è la rabbia?
- La non accettazione di ciò che è al di fuori del nostro controllo. Se la accettiamo, diventa tolleranza.
Cos'è l'odio?
- La non accettazione delle persone così come sono. Se li accettiamo incondizionatamente, allora diventa amore.
Qual è la maturità spirituale?
È quando smettiamo di provare a cambiare gli altri e ci concentriamo sul cambiare noi stessi. È quando accettiamo le persone così come sono. È quando capiamo che tutti hanno successo secondo la loro prospettiva. È quando impariamo a *lasciar andare*. È quando siamo in grado di non avere *aspettative* in una relazione, e diamo solo per il piacere di farlo.
È quando capiamo che ciò che facciamo, lo facciamo per la nostra stessa pace.
È quando perdiamo la necessità di mostrare al mondo quanto siamo intelligenti.
È quando smettiamo di cercare l'approvazione degli altri.
È quando smettiamo di paragonarci con gli altri.
È quando siamo in pace con noi stessi.
La maturità spirituale è quando siamo in grado di distinguere tra "bisogno" e "volere" e siamo in grado di lasciar andare questa volontà. E ultimo e più importante: La *maturità spirituale* si ottiene quando *smettiamo di cercare la "felicità" essendo la felicità la naturalezza stessa in noi.*

Mi sovviene spesso la parabola dell'*ago nel pagliaio* quando penso alla fede. Se con questa racconto hanno sempre cercato di farmi credere quanto sia praticamente impossibile trovare questo ago, evidentemente di piccole dimensioni, in un pagliaio all'apparenza sconfinato in relazione all'ago stesso, beh, credo proprio che non ci siano ben riusciti.

Quello che mi ha sempre affascinato invece in questa storia non era di certo l'accertamento di impossibilità quasi matematica di realizzare l'incontro con l'ago bensì la tranquillità di poter operare in quella direzione alla luce del fatto che in quella stanza, per quanto sconfinata fosse, c'era invece la certezza assoluta di poterlo trovare. La sua presenza e di conseguenza la sua esistenza erano assicurate e non erano mai messe in discussione.

Va da sé che quando si ha la certezza assoluta, cioè la fede, che in un certo contesto è presente un determinato oggetto, si ha contestualmente anche la certezza non di poterlo trovare ben s'intende ma di avere la possibilità di trovarlo. Al di là di quello che può concernere la tempistica del ritrovamento, è evidente che si possa comunque vivere un senso di pace e di appagamento nel carpire che quella ricerca e quel dispendio energetico non potranno mai essere considerati vani e inutili. Perché è solo il dubbio di qualcosa che rende più impervio il cammino verso la sua realizzazione.

8.1 Semplicità e veridicità: questo è il dilemma

Per questa ragione spesso mi informo e stimolo gli altri a informarsi su cosa sia per loro la fede o come semplicemente si relazionino veramente con la fede stessa e magari anche dove questa fede possa essere collocata nella loro vita seguendo una gerarchia di valori. Come ho già raccontato nei primi capitoli di questo libro in merito a questa discussione ricevo le risposte più disparate e disperate anche se molto spesso le persone si arrendono all'evidenza che quella fede tanto decantata nella loro vita attraverso le varie esperienze di tipo religioso – di qualsiasi origine o provenienza esse siano - in fondo non l'avevano mai effettivamente presa in giusta considerazione e attenzione, tanto da poterne comprendere il significato più recondito.

Un significato che se risultasse essere tanto chiaro e facilmente comprensibile potrebbe essere trasferito con relativa semplicità e con l'utilizzo di poche parole anche ad un bambino di 8 anni già curioso di scoprire i pilastri della Vita.

Poche parole, ma senza dubbio buone e sufficientemente esaustive rispetto al contenuto come diceva zia Lea. Ed io aggiungo come ho già avuto modo di dire precedentemente che il numero di queste parole non dovrebbe nemmeno essere superiore alle 10 unità, poiché fin troppo spesso l'eccesso dell'uso di parole complica la comprensione. A controprova di ciò in effetti si potrebbe anche aggiungere che quando le idee fin dal loro esordio risultano poco chiare e poco decifrabili, questo fatto porta con sé una certa difficoltà espositiva che testimonia senza dubbio incertezze nella comprensione del concetto che si sta vagliando.

Quando trovo che la persona abbia compreso quanto la sua fede abbia e stia poggiando su fondamenta molto instabili, inconsistenti e inappropriate mi permetto di fargli riconoscere come tutte le argomentazioni e le non argomentazioni che lui cercava di sostenere nel merito, lo mettano di fatto in una posizione di estremo dubbio amletico sulla veridicità delle sue dichiarazioni in merito all'aver fede.

Che poi come abbiamo visto questa fede per molti di loro si identifica in qualcosa di religioso che in Italia ovviamente viene tradotta perlopiù facendo riferimento al Dio del cristianesimo.

8.2 Non si può vivere senza la fede

Accertata questa difficoltà mi permetto di chiedere alle persone se mai fossero interessate a sapere che invece tutti gli uomini vivono nella fede perché, come diceva nonna Domenica, *non si può vivere senza la fede*. E questo vale per un cristiano, un testimone di Geova, un ebreo, etc. Perché è fin troppo evidentemente che questa frase vale per tutti gli uomini di buona volontà: quindi da quando esiste l'uomo tutti usiamo la fede e ne abbiamo bisogno per vivere altrimenti saremmo costantemente preda di devastanti stati ansiogeni o di paure sconfinate, praticamente impossibili da gestire.

La fede nasce di fatto con l'uomo e non è di sicuro proprietà e appannaggio dei sistemi religiosi, anzi. Le varie comunità religiose se ne sono appropriate perché fa comodo, anzi probabilmente è l'unico modo per far accettare una realtà, quella dell'esistenza di un Dio, di cui non si potrà mai fare esperienza diretta e concreta. Per questa ragione si usa la parola fede perché è una parola che l'uomo conosce e riconosce fin dalla notte dei tempi, che gli appartiene e lo sostiene nelle sue notti buie e che rappresenta in qualche modo quel margine di sicurezza e protezione necessari e indispensabili per sopravvivere.

Così incalzo: "Probabilmente se dovessi rispondere ad un bambino di 8 anni in merito alla definizione di cosa sia la fede risponderei che è *una certezza assoluta che non ha bisogno di alcuna giustificazione o spiegazione.*"

Nel frattempo prendo a caso un pennarello che potrebbe essere di colore arancione per fare un esempio concreto di cosa possa essere questa fede...... E insisto:

"*Quando dico che questo pennarello è arancione sto proclamando la mia fede nel pennarello, anzi più che nel pennarello in sé lo sto facendo per quanto riguarda il suo colore - certezza assoluta - senza avere il bisogno di motivare l'esistenza del suo essere arancione. Dunque questo pennarello è arancione, punto e basta. Dunque nessuna necessità di giustificazione in merito alla mia dichiarazione. E' abbastanza chiaro di cosa stiamo parlando? Comprendo che non sia così facile e scontato in questo momento per lei accettare che si possa avere fede anche in un semplice arancione del pennarello, eppure è così. Non crede?*"

Una volta che ho ricevuto anche solo un cenno affermativo - che indica che la persona è presente e partecipe al dialogo - continuo:

"*Che ne dice, sarebbe interessato nei prossimi 10 minuti se potessi dimostrarle che anche lei ha fede a prescindere dal suo credo religioso e che questa fede parla primariamente dell'uomo e non certo di una divinità, di qualsiasi natura essa possa essere?*"

Qui spesso lascio una pausa soprattutto quando l'interlocutore tentenna nel rilasciare una risposta affermativa e senza dubbio alcuno. Sarà bene capire che qui si tratta di mettere in discussione anni e anni di credenze e illusioni suffragate dalle dicerie della gente, ascoltate sia nei luoghi di culto ma anche nei bar più facilmente di periferia o piuttosto tra le mura domestiche o grazie a convegni ricolmi di parole non sperimentate e spesso nemmeno facilmente sperimentabili.

Alla fine però si riesce sempre ad avere quel cenno, tentennante magari, probabilmente ancora fortemente dubitativo ma disseminato di quel po' di curiosità che ancora rappresenta l'àncora di salvezza per proseguire quel cammino personale ma ancora inesplorato che potrà riservarci per il futuro un sacco di sorprese.

"*Non vorrà mica che io però le passi delle informazioni così importanti senza giusta ricompensa!*".

Così mi gioco la famosa *pizza e birra* giusto per rendere divertente questo passaggio importante di consapevolezza togliendo quella pesantezza che normalmente viviamo quando affrontiamo argomentazione di tal guisa. Il momento è storico in quanto stiamo dando la possibilità e l'opportunità al signor X infatti di passare dall'essere una persona che ormai dubitava della propria *fede* come consuetudine prevalente di tipo religioso, ad una che va all' incontro con il nuovo essere - sé stesso - che avanza, proiettato in prima linea a cercare di ritrovare il suo centro di gravità permanente, per dirla come il maestro Battiato.

Perché in questo modo potrà comprendere attraverso le proprie scelte, quanto sia importante la libertà e il riconoscimento del proprio valore. Un valore che non ha quasi mai a che fare con quello che appare e quindi con quello che dimostriamo di essere, ma piuttosto ha a che fare con quello che siamo in quanto esseri senzienti e consapevoli della meraviglia della Vita, di cui facciamo parte in qualità di elementi unici e insostituibili.

Una volta accettato lo scambio *dimostrazione dell'io ho fede a prescindere dalla mia posizione in ambito religioso* con *pizza e birra* (altrimenti come riusciremo ad aprire la pizzeria!) comincio col dire:

"*Sai guidare l'auto?*"

Ovviamente sempre che la persona sia maggiorenne e io mi sia reso conto che sia anche automunita altrimenti chiedo più semplicemente se sa andare in bicicletta o qualsiasi altra cosa che la persona sia in grado di eseguire con tranquillità. Tanto ai fini pratici non cambia nulla. Attendo in ogni caso una risposta. Se affermativa proseguo:

"*Sei proprio sicuro/a di sapere guidare l'auto al 100%?*"

Qui ogni tanto si evidenzia qualche incertezza alla risposta, soprattutto da parte delle rappresentanti del sesso femminile che si sentono in obbligo di dichiarare che loro sanno guidare, ma che non sanno parcheggiare veramente bene e per le retromarce sì, ma non sempre e con difficoltà. Se l'esempio fosse stato per esempio *sai fare il caffè* qualcuna di loro avrebbe potuto rispondermi che non gli viene sempre bene confondendo il *saper fare* – condizione puramente meccanica – con il *saper fare bene* – condizione giudicante quel *saper fare*.

Alla fine quel che conta è che la persona possa rispondere in modo affermativo alla vostra richiesta senza tentennamenti e con un incedere sicuro. Ricevuto questo segnale forte e chiaro con fare insinuatorio proseguo:

"*Se questa è la tua risposta - affermativa - io ti dico che sei un/a bugiardo. Perché mai?*"

Spesso intravedo nell'altro la difficoltà del sentirsi dire solo per gioco - perché è di un gioco che si tratta - che è un bugiardo. Forse perché è veramente un bugiardo o perché ne ha passate di cotte e crude a causa di questo essere stato giudicato bugiardo. Non importa e proseguiamo. Qualcuno arrossisce, qualcun altro esita e solo in pochi cercano veramente di riflettere sulla richiesta con disinvoltura, magari anche divertendosi. Ma nessuno è mai riuscito a rispondermi in modo congruo. Hanno abbozzato più o meno delle trame di ipotetiche possibilità senza mai centrare però veramente l'obiettivo. Ora che svelerò l'arcano, per modo di dire, ci saranno invece molti lettori, anzi tutti i lettori del libro che sapranno come e cosa rispondere.

A proposito, che ne dite di fare un piccolo contratto anche con voi del tipo *pizza e birra* pro rivelazione? Così potremo aprire una pizzeria per chissà quanto tempo ed con tutti voi potremmo contribuire a questa iniziativa. Perbacco, questo sì che si potrebbe qualificare come una vera e libera condivisione di intenti: con la possibilità anche di sfamare un bel po' di persone. E con i tempi che corrono…… potrebbe essere più che utile! Avanziamo dunque ancora un po' in questa direzione per quanto riguarda la nostra conversazione in attesa di incontrarci *Alla Pizza Perfetta da Charlie* (per gli orari eventualmente consultare ultimo D.P.C.M.).

Ricevendo risposte, quando ci sono, balbettanti e confuse cerco di alzare l'energia del dibattito:

"*Guarda, se vuoi ti dò un piccolo aiuto anche perché finora nessuno ha saputo rispondere in modo esaustivo. Ti va*?"

A questo punto le persone si rilassano, tutti annuiscono con fare compiaciuto e lo stress si abbassa permettendo all'interlocutore di mettersi in un ascolto più attento.

"*Ti facilito dicendo che c'è solo un momento nella tua vita dove puoi asserire di essere sicuro al 100% di saper guidare l'auto e quel momento non è ora*".

Qui si crea ancora uno spazio di riflessione ed io lo riempio con questo piccolo suggerimento:

"*Qual è l'unico momento in cui puoi dichiarare di saper guidare al 100%?*".

A questo punto la maggior parte delle persone sanno rispondere e trovano davvero ovvia la risposta chiedendosi addirittura come non siano stati capaci di averci pensato subito. Era così semplice!

E voi, avete una risposta in merito al vostro saper guidare al 100%? Di che gruppo fate parte? Siete di quelli che hanno una risposta o no? O siete piuttosto semplicemente del gruppo degli esseri umani meravigliosi che fanno del loro meglio - e il loro meglio è più che sufficiente – e dunque sia che sappiano rispondere o no, hanno piena coscienza di essere perfetti così in quanto in ogni caso trattasi sempre, comunque e unicamente di sperimentare la Vita?

8.3 La pausa integrativa come strumento necessario e fondante per un buon apprendimento

Ecco allora il mio supporto in favore della loro considerazione:

"*Ebbene, mi hai appena detto che l'unico momento in cui puoi fare questa dichiarazione del 100% in favore del tuo saper guidare è mentre lo stai facendo. In effetti è proprio così quindi, visto che sei in questo momento di fronte a me e non sei per niente impegnato a girare un volante mentre cambi la marcia grazie al pedale della frizione, la tua precedente affermazione prenderebbe una connotazione di menzogna spudorata, senza attenuante alcuna.*

Eppure, come sempre, c'è sempre una via di uscita o semplicemente un altro modo di vedere la stessa situazione: dunque se per un attimo sei disposto a considerare che stai utilizzando la tua fede nel saper guidare per uscire da questo stallo, puoi abbandonare istantaneamente e completamente l'identificazione con colui che mente, per riconoscerti invece nella persona integerrima che sei in ogni istante della tua vita ed in cui ti riconosci. All'improvviso non sei più un bugiardo ma piuttosto una persona che ha semplicemente fede nella sua esperienza più che decennale di guida; per dirla con altre parole hai semplicemente usato la tua percezione di certezza assoluta nel saper guidare senza dover darne prova o giustificazione".

A questo punto è sempre meglio non accelerare ma c'è piuttosto bisogno di una pausa integrativa, come fanno i bambini quando si *incantano* e stanno immobili con gli occhi spalancati e persi nel vuoto che si palesa innanzi a loro. Perché dico integrativa? Si chiederà qualcuno. E' presto detto.

Siete mai riusciti a cogliere le informazioni in modo lineare frequentando una lezione che dura 4 ore consecutivamente? Quasi impossibile ad esclusione dei diversamente disattenti - alias genialoidi incompresi di solito ovviamente - che però non hanno mai un valore statistico significativo. Cosa facciamo noi 'umani' in queste occasioni? Se ci viene data la possibilità, sicuramente a un certo punto ci alziamo dalla sedia, inventandoci la solita scusa dell'*aver bisogno di andare al bagno*, oppure possiamo dimenarci su quella sedia, facendo delle incredibili acrobazie pur di mantenere viva l'attenzione. È noto che un ragionevole tempo di attenzione può durare dai trenta ai quaranta minuti. Allora perché mai nelle nostre scuole spesso non si tiene conto di questa informazione, prolungando ben oltre questo limite la durata di una lezione frontale? Mi vien istintivamente da chiedere allora a cosa serve la conoscenza e perché mai non la si possa applicare in ambiti diversificati senza dover scendere a compromessi poco funzionali ma per contro molto datati nel tempo e spesso pure obsoleti.

Ricordo che mia figlia Nicole di tanto in tanto si *incantava* in classe alle elementari a tal punto che la sua maestra un giorno mi richiamò per dirmi che Nicole spesso era come *assente* durante lo svolgimento delle lezioni in classe, anche se poi rispondeva in modo adeguato alle sue richieste di verifica del lavoro svolto in quel mentre. Io gli dissi che ero felice di questo perché comprendevo l'importanza della *pausa integrativa* per una novizia che si affaccia alla Vita e che aveva bisogno di collocare nel posto giusto tutte le informazioni ricevute fino a quel momento. E che poi sognare ad occhi aperti, a mio sapere, non aveva mai fatto male a nessuno e che era e probabilmente lo è ancora a detta di mia moglie Graziella decisamente uno delle mie attività preferite.

Ma la maestra forse infastidita dalla mia tranquillità o forse dalla mia mancanza di responsabilità nei confronti dell'atteggiamento non conforme di mia figlia o forse anche niente di tutto questo, mi ha comunque detto che avrebbe dovuto provvedere nel merito scrivendomi una nota nel diario nel caso continuassero queste *disattenzioni*. Io gli risposi che non avrei sicuramente esitato a firmarle per presa visione, che la ringraziavo per avermi avvisato e che facesse tutto quello che lei ritenesse più opportuno per rispondere alla sua coscienza.

Non so ancora bene cosa ma credo che da quell'incontro qualcosa è successo: in effetti Nicole non è mai venuta a casa con una nota che facesse riferimento a quel nostro interloquire e io mi sono risparmiato ulteriori richiami. Buon per tutti.

8.4 Sicurezza al 100%: realtà o illusione?

Tornando alla guida e alla fede nel saper guidare e avendo dato quel tempo integrativo necessario per com-prendere (ovvero prendere con sé) il principio che si cela dietro ai racconti della nostra vita. Appena mi sono accertato che la persona in questione si è rilassata a sufficienza e ha chiarezza su cosa voglia dire la parola fede e come si possa farne un esempio semplice che anche un bambino di 8 anni possa essere in grado di capire, continuo con lo stesso cipiglio e aggiungo:

"*A questo punto mi vien da chiedere se lei è sicuro al 100% di saper fare un caffè*"

La persona in questione ora sorride. In effetti non sa bene in questo caso come comportarsi perché ha capito le regole del gioco e dunque razionalmente dovrebbe rispondere che non è sicura di saperlo fare poiché è seduta accanto a me e, se anche volesse farne uno di caffè a casa mia la caffettiera non saprebbe neanche dove trovarla. Però allo stesso tempo sente che il suo istinto gli farebbe ripetere ancora una volta che lei non avrebbe alcun dubbio nella sua capacità di saperlo fare a patto di avere moka, caffe e acqua. Ecco ancora una volta apparire la *fede.*

Io lo rassicuro prima che possa forzare una risposta invitandolo a rispettare il suo istinto senza dover necessariamente obbedire solo alla sua fuorviante e non sempre impeccabile parte razionale.

“*Sì, sono certo al 100% di saper fare un caffè, è vero. Nessun dubbio.*” Ed io sollecito:

“*E domani mattina saprai metterti i pantaloni? E questa sera saprai mangiare autonomamente? Pensa solo se in questo momento ti permettessi di dubitare di non riuscire a guidare per tornare a casa dopo il nostro trattamento. Dovresti chiamare qualcuno che ti venga a prendere. Un problema questo. Perchè fin tanto che non sarai seduto nella tua auto con le mani sul volante non potrai mai saperlo. E allora, vuoi rimanere in uno stato d'ansia continuo fino a che non avrai la certezza che riuscirai certamente a tornare sano e salvo alla tua magione? Non credo. Lo stesso però vale anche per tutto il resto. Per il tuo saper far da mangiare, la tua autonomia in tutte le tue attività che siano sportive, ludiche o di altra natura; per il tuo essere in grado di mantenere una buona pulizia di te stesso e dell'ambiente in cui vivi e via discorrendo.*

Ecco perché non si può vivere senza fede. In sua mancanza la nostra vita sarebbe un vero inferno, inteso non biblicamente. Saremmo costantemente in preda alle nostre paure di non riuscire a farcela, di non avere abbastanza risorse per contrastare la miseria e con un ansia terribile che potrebbe raggiungere livelli insopportabili. Continuamente sbalzati tra momenti di illusoria calma e tranquillità a momenti di piena follia incontrollabile, difficilmente gestibili. Non credi?”

Arrivati a questo punto è quasi immancabile l'esigenza di avere a disposizione il solito tempo per lasciare che la persona riflettendo possa ritrovare il bandolo della sua matassa in modo da poter contattare la sua saggezza interiore col fine di mettere insieme tutti i pezzi di questo puzzle non propriamente complicato, ma che ha bisogno di un certo tempo di sedimentazione per poter rivelare la sua semplicità.

"Ecco come sia evidente come non si possa vivere in pace e armonia senza fede, una fede evidentemente riferibile all'uomo, alla sua natura e alla sua potenzialità. Perché la fede appartiene all'uomo, è nata con l'uomo, come dicevamo, ed è diventata solamente in un secondo tempo strumento di manipolazione di massa in mano alle varie sette religiose che qualcuno incredibilmente sostiene ancora oggi essere assolutamente indispensabili per la vita terrena. Va da sé che tutti in qualche modo, più o meno con consapevolezza, viviamo la nostra fede nel quotidiano a garanzia se non altro di un certo livello di sopravvivenza. Tutti siamo nella fede!

Ha un senso se le parlo così? Le mie parole stimolano in qualche modo la sua sensibilità e la sua attenzione? Si rende conto che da questa riflessione che abbiamo appena condiviso lei potrebbe permettersi di poter dichiarare a tutti che lei ha fede nella Vita, nelle sue capacità e peculiarità, le quali si esprimono attraverso la sperimentazione e il suo saper mettersi in gioco continuamente in tutte le faccende che la riguardano? Poi oggi finalmente ha forse potuto mettere anche un po' di chiarezza in merito al significato e al senso della parola fede che come abbiamo potuto constatare insieme esula completamente dai contesti religiosi ma fa riferimento unicamente alla sua valenza espressiva più originaria: la fede nasce con l'uomo, appartiene all'uomo ed è un'energia indispensabile per fare in modo che in ogni istante della nostra vita possiamo lasciarci andare senza costringerci a rimanere incollati ad un controllo senza fine per sopravvivenza.

Ed è sempre la fede che fa sì che ancora una volta l'uomo possa di tanto in tanto rivolgersi alla bellezza che lo circonda, per assaporarne le virtù e le maestranze con l'intento poi di poterle integrare rendendo o piuttosto riconoscendo quanto la sua vita sia veramente quella meraviglia che si palesa ai suoi occhi".

Ricordate che abbiamo già parlato dei sistemi di allarme? Che per quanto possano essere evoluti e costosi ci sarà sempre qualcuno che potrà infrangerli? Solo attraverso la fede possiamo avere una certezza assoluta che siamo già salvi perchè questa fede ci appartiene ed è nostra compagna di viaggio da sempre e in ogni istante, sia che ne siamo consapevoli oppure no.

Comunque è evidente come questa fede non si debba trovare necessariamente dentro i luoghi di culto, anzi. Ma la si può invece trovare più facilmente dentro di noi, basta avere un po' di pazienza e preseveranza: è sempre a nostra disposizione soprattutto quando prendiamo coscienza dell'inestimabile valore di ciò che siamo momento dopo momento, a prescindere da ciò che appare.

In fondo siamo tutti dei ricercatori, chi di soldi, chi di amore, che di nutrimenti vari, chi di gioia, chi di quello che pensate possa essere indispensabile per la vostra vita ma c'è un punto che accomuna tutte queste ricerche: abbiamo la tendenza a pensare, perchè così ci è stato dettato e inculcato, che l'oggetto della nostra ricerca non ci appartenga e che lo dobbiamo per forza incontrare all'esterno, in uno spazio che non siamo noi. Eppure tutto è già dentro di noi, fin dall'inizio.

La diceva lunga la saggezza dell'uomo a cui la Vita aveva sussurrato che se mai un giorno avesse voluto nascondere una cosa veramente preziosa il miglior posto sarebbe stato dentro di sé, perché mai e poi mai nessuno compreso lui stesso, avrebbero cercato in questo luogo quei valori inestimabili che lo rendono invincibile, unico, insostituibile e clamorosamente irripetibile.

E' ancora opinione comune purtroppo tutt'oggi, presso la maggior parte dei retoricamente più grandi imprenditori del terzo millennio, dire ad un subalterno in difficoltà, di qualsiasi natura possa essere questa difficoltà: "*Se non ti va bene quello che devi fare qui, te ne puoi andare perché c'è sempre in fila dietro di te una persona pronta a rimpiazzarti*".

Come se questo fatto, ovvero il sostituire una persona in un posto di lavoro qualsiasi, non comportasse un inevitabile e sicuro cambiamento di stato delle cose. A dirla proprio tutta è vero anche che alle volte l'imprenditore potrebbe trovarsi in una condizione più favorevole rispetto alla precedente grazie a questo cambiamento ma non si potrà mai escludere comunque il rischio opposto in cui la situazione potrebbe essere completamente avversa. Quello che però senza ombra di dubbio è una verità certa e non contestabile è che niente sarà mai più come prima. Non esistendo due persone uguali nell'universo, le azioni degli stessi nel medesimo luogo di lavoro se applicate allo stesso operato saranno incontrovertibilmente differenti, creando di fatto degli effetti e dei risultati operativi mai sovrapponibili.

Se ci vogliono far pressione facendoci credere che possono sostituirci in ogni momento e che il sistema rispetto a questo fatto non avrà ripercussioni e noi malauguratamente cadessimo in questa trappola mortale vorrà dire che saremmo già *arrivati alla frutta* e mancherebbe veramente molto poco per la fine……. della cena.

Una cosa è sicuramente difficile da poter negare: quando tutto si uniforma tendendo al basso, calpestando i valori che ci differenziano o dovrebbero differenziarci dagli animali, perdendo di vista il rispetto per sé e per gli altri, incrementando a dismisura i profitti a scapito della libertà e della dignità dell'uomo; quando le persone cominceranno veramente a credere che essere diversi sia troppo pericoloso e quando la comunità tutta perderà i suoi valori peculiari linguistici, culturali e perché no anche quelli culinari tradendo le proprie tradizioni, sarà molto alto il rischio di una deriva senza ritorno che porterà l'umanità ad uno stato di barbarie dove, se non ci sarà una immediata e inevitabile estinzione del genere umano, torneranno purtroppo di nuovo a comandare pochi prepotenti, come è sempre stato nel passato. E lo faranno realizzando soprusi su molte persone che si sono rese schiave perché ancora una volta hanno subito una involuzione non certo per necessità o mancanza di risorse personali ma piuttosto per mera paura che appartiene ai pusillanime, per mera ignoranza che appartiene agli stolti, per mera superficialità e credulità che appartiene agli ignavi. E proprio oggi che siamo nel 2020 A.D. cominciamo ad avere prove tangibili dell'iniziazione che si sta realizzando per costringere le persone non libere ad entrare in un processo che non si discosta poi così tanto da ciò che abbiamo appena esposto.

9 Alla scoperta dell'acqua calda

"Quelli che *dottore è un periodo che mi fa male la testa - Non si preoccupi è il periodo - dottore è il periodo che mi fa male il ginocchio ma di più la spalla sinistra, il braccio come le mani che si intorpidiscono - Ho detto è il periodo* - Quelli che *Scusi lei chi è? - Vede dottore scusi io sarei il figlio di quello che andava a periodi - Si, beh e allora? - Niente, fanno i funerali domani - E' stato proprio un brutto periodo! - No dottore è stato un infarto! - Oh yes, quelli che hanno cominciato a lavorare da piccoli, non hanno ancora finito e non sanno che cavolo fanno, oh yes*!

- Enzo Jannacci -

La Paura (prosa) da Polli di Allevamento - 1978-1979 - *Giorgio Gaber*

E camminando di notte, nel centro di Milano, semideserto e buio e vedendomi venire incontro, l'incauto avventore, ebbi un sobbalzo nella regione epigastrico-duodenale che a buon diritto chiamai, paura o vigliaccheria emotiva.
Sono i momenti in cui amo la polizia. E lei lo sa, e si fa desiderare. Si sente solo il rumore dei miei passi, avrei dovuto mettere le Clark.
Cappello in testa, e impermeabile chiaro che copre l'abito scurissimo, l'uomo che mi viene incontro, ha pochissime probabilità di essere Humprey Bogart. Le mani stringono al petto qualcosa di poco chiaro.
Non posso deviare, mi seguirebbe, il caso cane gatto è un esempio tipico. Finché nessuno scappa, non succede niente, appena uno scappa, quell'altro ... Ed è giusto, perché se uno scappa, deve avere una buona ragione per essere seguito, altrimenti che scappa a fare? Da solo. In quel caso si direbbe semplicemente, corre, e se poi lui non mi seguisse, non ho voglia di correre come un cretino alle due di notte per Milano, senza le Clark. Proseguo per la mia strada, non devo aver paura, la paura è un odore, e i viandanti lo sentono. Sono peggio delle bestie questi viandanti, è chiaro che lo sentono.
Ma perché sono uscito? Non si è mai abbastanza paurosi. Avrei dovuto chiudermi in casa, e scrivere sulla porta, non ho denaro, a titolo di precauzione, per scoraggiare ladri e assassini. E lo strangolatore solitario? Quello se ne frega dei soldi. Dovrei andare a vivere in Svizzera, non si è mai abbastanza coraggiosi da diventare vigliacchi definitivamente.
Ma l'importante ora è andare avanti, deciso. Qualsiasi flessione, potrebbe essere di grande utilità al nemico. La prossima traversa è vicina e forma un angolo acuto, nessuno sa cosa c'è

dietro l'angolo. Questa qui dell'angolo mi è sempre sembrata una cazzata e invece è importante, vedi? Però sento che lo potrei raggiungere, l'angolo, ma il nemico avanza, allunga il passo, o è una mia impressione?
Ricordati del cane e del gatto, anche lui ha paura di me, è una legge. Devo puntargli addosso, come un incrociatore sì, avere l'aria di speronarlo, ecco, così. E' lui che si sposta, disegna una curva.... no, mi punta.
Siamo a dieci metri, tengo gli occhi bassi ma lo vedo benissimo, è un uomo enorme, misterioso. Le mani stringono al petto un grosso e pesante libro, oh oh oh, un libro, guarda come lo tiene, chi crede di fregare? Una bomba, certamente una bomba, confezionata dentro un breviario, uuuuuh come son furbe le forze del male.
Ecco, è a cinque metri, due metri, addio, è finita, sono un eroe nazionale.
Era un pastore anglicano. Mi sono sempre stati sul cazzo i pastori anglicani, presuntuosi imponenti spavaldi!
Viva la chiesa cattolica! Viva il papa!

Devo fare un'esperienza
io lo so per esperienza

Molto spesso le persone perdono il loro tempo alla ricerca di qualcosa di veramente difficile da decifrare anche per loro stessi. Un po' come Don Chisciotte. Mentre in altre circostanze si occupano di cose così futili e prive di logica da venire depistati in situazioni che definire ridicole o scapestrate sarebbe un eufemismo.

In ogni caso sembrano muoversi costantemente in una linea retta di lotta senza fine con lo scopo ultimo di dimostrare che la loro verità è necessariamente migliore di quella degli altri. Eppure, come abbiamo già potuto osservare, non esiste una sola Verità ma piuttosto potremmo dire che eventualmente se quella Verità esiste davvero è semplicemente la sommatoria integrata di tutte le verità peculiari che sono appannaggio di ogni singolo essere vivente e abitante di questa terra e di questo universo.

Quasi a suffragare il fatto che dubitando continuamente delle nostre potenzialità e capacità avremmo un irrefrenabile bisogno di convincere qualcun altro che ci stiamo muovendo attraverso le nostre scelte in modo impeccabile e preciso, da replicare senza dubbio alcuno. Perché è solo quando non siamo sicuri del nostro credo che abbiamo bisogno di convincere gli altri della bellezza delle nostre azioni. In questo modo però ci predisponiamo alla lotta, sempre e comunque. E quanto ci costa tutto questo lottare e poi a cosa serve? In fondo se riconosco il valore di quello che sono e quello che faccio è congruo con il mio pensiero, posso essere sicuro di non aver bisogno di un'approvazione o di una conferma che venga dall'esterno. E poi siamo veramente in grado di bastare a noi stessi, disponendo evidentemente di una coscienza attiva e illuminata, per riconoscere autonomamente la validità e la pienezza del nostro essere che partecipa a tutto tondo al dispiegarsi della vita terrena?

Caro lettore siamo giunti quasi agli sgoccioli del nostro piccolo percorso insieme ma che non coincide necessariamente con la fine di tutto. Abbiamo già visto che dove c'è qualcosa che finisce nello stesso istante comincia qualcosa di nuovo e di diverso che ci spinge magari in qualche altra direzione. E' stato bello viaggiare per un po' insieme tra i meandri più o meno tortuosi di queste considerazioni sulla più antica professione che dovrebbe essere appannaggio di tutti gli uomini: ovvero quella di *imparare il buon saper vivere* che ci permette di rimanere sincroni con la gioia e con la pace.

Torniamo per un attimo al concetto precedente dove ci si chiedeva a cosa potesse essere utile dover aver ragione a tutti i costi. Vorrei riprendere qui un esempio che utilizzo spesso per far capire quanto la testardaggine sia spesso fuorviante e come sia inutile cercare lo scontro sempre e comunque a prescindere dalla valutazione della qualità dell'interlocutore e delle relative argomentazioni.

Si potrebbe aprire qui una parentesi sulle lotte sanguinose prettamente religiose che si sono adoperate per portare la verità cristiana alle genti. Perché è sempre stato così. Dietro ad ogni guerra o ribellione c'è sempre stata la manina dell'uomo che operava per conto di un dio anche se per salvare le apparenze la storia si è sempre giustificata prediligendo racconti che narravano di istanze sociali causate da carestie o problematiche politiche. Mentre le crociate del XII-XIII secolo D.C. dette anche guerre sante hanno sempre evidenziato solo una smania di irrefrenabile potere fine a se stesso, soprattutto di tipo economico. E se parlassimo dello Jihād islamico sarebbe così facile trovare delle differenze con le crociate? Non lo so. E non so neanche se sono veramente interessato a sviscerare questo argomento. Mi basta sapere che ogni volta che un pensiero politico o religioso vengono imposti bisognerebbe chiamare questa condizione unicamente con il suo vero nome: dittatura. Ogni volta che un uomo costringe un suo simile a idolatrare qualsiasi simbolo siamo in una dittatura. Ogni volta che un movimento di persone costringe altre persone a rinnegare la loro cultura, il loro modo di pensare e le loro tradizioni siamo in una dittatura. Se poi il primo gruppo di persone è numericamente molto inferiore del secondo allora siamo in una dittatura oligarchica ma è giusto così se il secondo gruppo non è capace di risvegliare la propria coscienza e ha bisogno di essere teleguidato. Ogni volta che una religione dichiara di essere l'unica su questa terra in quanto il loro dio è il migliore di tutti siamo in una dittatura. Caro lettore continua pure tu questo elenco e condividilo se puoi con gli amici ad una cena o ad un incontro di genitori a scuola o in palestra quando i tuoi figli provano a fare uno sport nei momenti di pausa in cui il dittatore che ti guida si è distratto. Meditate gente, meditate! Giusto per riflettere un po' giunti a questo punto di quasi non ritorno.

Guardando la realtà dall'esterno in modo dissociato, cioè senza essere coinvolti direttamente nel contesto, si possono comunque leggere le varie situazioni facendo delle considerazioni che non saremmo mai riusciti a realizzare se fossimo stati inchiodati con il naso al vetro della finestra/realtà, perdendo di vista l'evento nella sua globalità. Ecco allora come una cosa che stiamo vivendo con sofferenza e difficoltà potrebbe cambiare all'istante il suo vissuto emotivo solo per il fatto che siamo stati semplicemente capaci di allotanare il nostro naso da quel vetro freddo e umido e siamo stati capaci in quel preciso momento di allargare il nostro campo visivo potendo cogliere nuovi particolari, praticamente indecifrabili solo qualche istante prima.

9.1 La Verità sta negli occhi innocenti di chi guarda la realtà senza giudizio

Se qualcuno ti mostrasse un pennarello di color *arancione* e ti chiedesse quale sia il suo colore. Evidentemente la risposta sarebbe alquanto scontata:

"*Arancione*!"

Ma se la persona in questione ti dicesse che per lui invece è *verde*: saresti disposto a perdere 5 minuti, 1 ora, 1 settimana o forse anche una vita intera per cercare di dimostrare che lui si sbaglia mentre la ragione è ovviamente dalla tua? Perché è questo quello che succede. La gente perde molte delle energie e del tempo a loro disposizione per confutare le loro ragioni, arrampicandosi anche spesso sugli specchi pur di arrivare al dunque. Se riflettiamo attentamente però non c'è niente di veramente scontato. Anche in questo episodio del pennarello non è detto che ci debba essere solo una verità e basta. In fondo il colore *arancione* è solo una convenzione perché nella realtà si tratta solo di una frequenza alla quale è stata associata la parola *arancione*. Così ci hanno insegnato da sempre che quella data frequenza è di fatto associata alla parola *arancione* e per questa ragione crediamo che questa sia l'unica verità plausibile.

Ma se qualcuno avesse insegnato a quel ragazzino fin da piccolo che quella stessa frequenza era associata invece alla parola *verde* è evidente che per lui l'unica verità indiscutibile è che quel pennarello non può essere altro che di colore *verde*. Chi ha ragione tra i due contendenti? Potrebbero entrambi mettere anche una mano sul fuoco pur di dimostrare e testimoniare che la loro affermazione è una verità indiscutibile e non trattabile in alcuna maniera.

Cosa c'è da imparare da questa storia? Non dobbiamo certo chiarire a tutti i costi se effettivamente il pennarello sia *arancione* o *verde*. Poco importa questa cosa. Quello che ci interessa di più invece è di sapere come chiama il nostro interlocutore quella frequenza specifica del pennarello. Perché se lui la chiamasse *verde* io, al momento del bisogno, gli chiederei esattamente il pennarello di colore *verde* anche sapendo che per me non potrebbe essere altro che *arancione*. In questo modo potrei ottenere quello che voglio senza dover scontrare per rivendicare la mia saggezza e la mia unica e incontrovertibile verità con il rischio anche di farmi del male.

Non sarebbe più semplice così? Avremmo esattamente quello di cui avevamo bisogno, nessuna lotta e nessuno scontro e perderemmo anche meno tempo guadagnandone in salute. Come è semplice la Vita, anche se non necessariamente facile!

E cosa dire della fede ancora. Ne abbiamo già parlato ampiamente nelle pagine precedenti ma vorrei porre alla vostra attenzione e condividere con voi ancora qualche osservazione in merito. Senza fede abbiamo capito che la Vita sarebbe un'ansia senza fine. Che la fede appartiene all'uomo da sempre a prescindere dalla nostra consapevolezza. Che la fede si appoggia sempre sulle nostre esperienze del tipo saper guidare, saper fare il caffe, etc. ovvero parla della tranquillità e dell'assenza di dubbio. E chi più ne ha fatte di esperienze anche di quel *saper guidare* e più sarà capace di rinnovarsi collaborando attivamente con il proprio inconscio che registra da sempre ogni nostra mossa fin dal nostro concepimento e oltre. Oltre nel senso che molte delle esperienze registrate derivano da quelle fatte dai nostri antenati che ci vengono messe gentilmente a disposizione al servizio della nostra sopravvivenza.

Ora vi punzecchierò ancora un po' ma non prendetevela più di tanto per cercare di rimanere senza giudizio, neutrali e con il cuore aperto a leggere con calma queste mie prossime righe che vogliono solo farvi riflettere su qualcosa con la quale da sempre le comunità religiose di un certo tipo, nessuna esclusa, ci hanno in qualche modo incantato o manipolato a seconda di come la pensiate. Ecco allora come potrebbero essere i toni e il dialogo con il mio possibile interlocutore continuando la conversazione:

"*Quello che mi sono sempre chiesto è come si possa avere fede in qualcosa di cui non si è mai fatto esperienza. Mi spiego meglio: capisco la fiducia o fede sul* saper fare un caffè, sapersi vestire autonomamente, *etc. che abbiamo sperimentato più volte nel corso della nostra esistenza. Per avere fede in un dio che è invisibile agli occhi e latitante da sempre, bisognerebbe quantomeno essere dei funamboli o qualcosa del genere. Perché mi sono spesso chiesto e ora lo chiedo a voi, come si possa avere fede in un dio se non si può farne esperienza diretta? Lo dico in un altro modo: come si può fare esperienza di un dio che non si è mai visto se non nelle iconografie che sono presenti largamente nei luoghi più disparati della terra? Il più delle volte dipinto anche con la barba, una barba certamente rassicurante che ricorda quella dell'uomo maturo, dandoci immediatamente l'idea di un lui capace di proteggerci e salvarci. Ma salvarci e proteggerci da che cosa visto che siamo già salvi e non abbiamo certo bisogno di alcuna protezione visto che non siamo mai in pericolo, anche se alle volte certe esperienze possano apparire effettivamente più difficili da gestire di altre."*

Ci ritorneremo su questo concetto di salvezza e protezione.

Esperienza di dio. Come dimostrarla o come semplicemente rappresentarla con delle parole. Quando chiedo e questo credetemi l'ho fatto migliaia di volte, una dimostrazione dell'esistenza di dio nessuno è mai riuscito a entusiasmarmi con la risposta, il più delle volte molto aleatoria per non dire evanescente e inconsistente. Qualcuno ad esempio mi parlava che la fede è già di suo una dimostrazione di questa esistenza anche se fino ad un attimo prima lo stesso individuo non era riuscito nemmeno a definire etimologicamente la parola fede nella sua accezione più semplicistica e senza fronzoli. Tanta confusione utilizzando tante parole magari sentite in certi contesti religiosi ma ripetute senza aver colto la loro vera essenza e soprattutto senza averle interiorizzate e integrate attraverso l'esperienza che se ne può fare nella vita. Solo un susseguirsi di bla, bla, bla e poi ancora bla, bla.

Qualcuno mi ha anche detto che lui dio lo sente nel suo cuore. Verosimile questa versione o quanto meno non sindacabile visto che si ritenga essere del tutto personale, ma se quello che sente non fosse veramente dio? E se quello che lui invece nomina con la parola *dio* fosse solo un attitudine condizionata del così dicon tutti da più di qualche millennio, anzi da quando l'uomo ha cominciato a farsi delle domande sul senso della vita e su chi o cosa abbia creato tutto quello che lo circonda?

Capite che quella sensazione intensa, riequilibrante e rappacificante che la persona dichiara di sentire dentro di sé e che definisce con l'appellativo di *dio* potrebbe essere molto simile alla storia del nostro amico quando nega l'evidenza che il suo pennarello non sia *verde* ma piuttosto *arancione* supportato oltremodo dal fatto che anche la maggior parte delle persone a lui vicine aderiscono esattamente alla sua asserzione. In realtà come sempre tutto ha un valore ma anche il contrario di tutto ha un valore paritetico. Potremmo dire a questo proposito, utilizzando la falsa riga della frase più celebre di William Shakespeare: *verde* o *arancione*, *questo è il problema*. E allo stesso modo si potrebbe dire anche *Dio* o *non Dio* e sarebbe comunque anche questo un problema.

Chi riesce veramente però ad avere fede in qualcosa di cui non ha mai fatto esperienza, complimenti. Se la tenga stretta questa fede. Per questa ragione sono sicuro che questa condizione sia sempre stata appannaggio di Nonna Domenica. In effetti qualsiasi cosa succedesse, sia di favorevole che sfavorevole, era sempre in grado di accoglierla senza contrastarla in quanto volontà del suo dio. Beata lei. Perché la fede ti ancora, ti permette di lasciar andare, ti toglie dalle illusioni e ti fa sentire sempre al tuo posto, senza aspettative, senza obbligarti a dei risultati e senza volere un'altra realtà rispetto a quella che la Vita ti offre. Riflettendo su questo però mi dico quanto sia importante invece comprendere in modo ferreo che bisogna assolutamente uscire dal dogma che sia strettamente necessario avere un dio per contattare questa forza interiore straordinaria che ci fa andare al di là delle apparenze, ci fa superare ostacoli a dir poco irti e impervi e ci permette di vivere in pace e armonia relegando ai minimi termini la necessità di controllo sugli gli eventi della vita, un'operazione quest'ultima che ci costringe a disperdere molta energia inutilmente.

Un'altra domanda esistenziale che mi ha sempre frullato in testa fin dalla tenera età è questa: perché mai ci dovrebbe essere un dio meglio di un altro oppur addirittura perché mai dovrebbe esserci un solo e unico dio di riferimento? Questo in effetti porterebbe immediatamente alla creazione di *dei impostori* per il semplice fatto che ogni comunità sulla terra adora la sua divinità che è espressione della cultura del tempo e del luogo in cui vive.

abbiamo necessità di fare riferimento alle varie divinità esistenti sulla terra a cui le varie comunità sono devote.

E se ci fosse solo un vero dio vorrebbe dire che i bambini che nascono dove possono conoscere unicamente la realtà degli *dei* catalogati come *impostori* potrebbero leggere questo come un segnale indicante sfortuna, colpa, punizione o cos'altro? E poi con questo paradigma di lettura sarebbe dunque falso pensare di essere tutti figli di uno stesso Dio evidentemente.

Come uscire allora da questo labirinto di tipo mentale così intricato?

9.2 La Natura, questa sconosciuta

Vi offro una soluzione o piuttosto un nuovo modo di porsi davanti alla vita che ci scorre innanzi, come direte voi, non certamente l'unico e nemmeno il migliore ma semplicemente una possibile soluzione o suggerimento, il mio, che ha aiutato però già molte persone a riappacificarsi con il garbuglio delle pseudo storie e millantate bugie che circolano intorno all'esistenza di un dio che dovrebbe essere unico e addirittura migliore degli altri. A proposito di quest'ultima affermazione faccio esplicitamente rifermento a quello che ho sentito dire dall'allora vescovo Ratzinger in Spagna mentre papa Wojtjla era in Russia che cercava di recuperare un dialogo con il patriarca della Chiesa Ortodossa locale e diceva qualcosa del tipo: "*Sì va bene tutto ma....... noi siamo migliori*". Incredibile, ma è proprio così. L'uomo in qualche modo sembra sempre essere più interessato a rivendicare la sua supremazia sugli altri piuttosto che condividerne le esperienze per un bene comune.

Dunque a questo punto mi è venuto spontaneo chiedermi: cos'è che unisce veramente un bambino italiano da uno indiano oppure da un australiano o da un eschimese? Qual è l'esperienza che unisce i bambini di tutto il mondo? Di quale argomento potrebbero parlare facilmente tutte le genti che vivono su questa terra meravigliosa se si incontrassero improvvisamente e sentissero il bisogno irrefrenabile di condividere qualcosa ? Cosa ho visto io in Italia che potrebbe aver visto qualsiasi altro abitante di questo pianeta nella sua terra nativa?

Il sole? Sì. La pioggia? Sì. Ma anche l'albero che fiorisce e poi ti da un frutto, anche se diverso tra regione e regione, ma che parla sempre di qualcosa di vitale e nutriente per noi e poi la luna che non sempre riesce a rischiarare le nostre notti e ancora le pianure verdeggianti, i monti ripidi e scoscesi o i mari sconfinati che risplendono al tramonto di una luce solare incantevole. E poi ancora molto altro.

Ecco di cosa tutti noi facciamo veramente esperienza condivisa in ogni angolo anche il più recondito di questa Terra: della *Natura* oppure si potrebbe anche dire della *Vita* attraversa la *Natura*. E quando dico tutti noi intendo dire ogni abitante della terra. Perché in ogni luogo di questa terra se non c'è un albero o un arbusto che lo rappresenti ci sarà un territorio montuoso piuttosto che collinare oppure una distesa sconfinata con fiori, erba, terra brulla o magari della neve.

Ogni tanto sentiamo dire o diciamo a noi stessi che la Natura è meravigliosa e perfetta. Ma come si fa a certificare questo modo di pensare e poi di definire la terra. Un esempio: vi siete mai messi davanti ad un ciliegio in Italia nel mese di febbraio ad aspettare che vi dia i suoi frutti? Non credo. E questo perché? Perché in tutta Italia così come in tutti gli altri paesi del mondo c'è sempre un tempo che è incredibilmente sempre quello giusto per ogni albero di poter dare i propri frutti ovvero quando saranno maturi a sufficienza per soddisfare i fabbisogni degli abitanti del luogo. Ecco dove può essere incredibilmente meravigliosa la Natura. E voi lo potete sentire il ritmo della Vita attraverso la Natura? Non è solo un orologio che scandisce il tempo ma è come una sinfonia di ritmi che si ripetono e scandiscono le stagioni attraverso i colori e i suoni che cambiano di volta in volta come in una coreografia che non ha mai fine.

Non ha proprio senso aspettare le ciliegie o le pesche in febbraio davanti ad un albero in piena campagna e noi lo sappiamo in quanto ne abbiamo già fatta esperienza e quindi possiamo riporre la nostra fede su questo. Ma quello che più ci interessa è che possiamo anche affidarci, cioè avere fede, al fatto che in maggio quei fiori bianchi che hanno durato non più di una settimana circa, ci regaleranno quel frutto meraviglioso di colore rosso che tanto piace a tutti noi, grandi e piccini.

Potreste mai nutrire dei dubbi in merito al fatto che ancora per molti anni nello stesso periodo di maggio il vostro albero vi darà il suo frutto anche se non ne avete la prova al momento presente? Questo si chiama aver fede. E lo sanno i bambini di tutto il mondo perché ne fanno esperienza ogni sacrosanto anno della loro vita.

Ecco cosa ci rende complici, fratelli, sincroni - o qualsiasi altra definizione vogliate postare qui di seguito per nominare cosa ci unisce veramente: la Natura davanti alla quale siamo tutti uguali, nessuna differenza. Anche a catechismo sentivo dire questa frase. La Natura ci offre sempre il meglio e alle volte per definirla usiamo anche l'epiteto di Madre. Madre Natura che ci ama incondizionatamente ovvero lo fa accogliendoci così come siamo, anche quando da piccini spezzavamo dei rami di qualche albero ignari del fatto che ci saremo privati nel futuro anche dei suoi frutti; o quando giocavamo a rincorrere e catturare le lucertole magari facendole anche dei dispetti. Tutto perdonato, senza giudizio o rancore alcuno. Anche al catechismo mi sembra di ricordare che ci fosse un certo figliol prodigo. Solo coincidenze o qualcos'altro?

A dirla proprio tutta sono arrivato ad un livello tale per cui non sono più interessato a sapere tutto di tutto ma cerco di rincorrere e affiancarmi alle cose essenziali per cui non tengo più in gran conto sapere chi ha creato cosa nell'universo - perché sicuramente ci sarà una risposta anche se credo appartenga ad un altro mondo. Ciò che mi interessa oggi è osservare piuttosto come funzionano le cose e come posso interagire con loro per il mio benessere e quello della comunità che mi circonda. Ora mi rivolgo a te lettore che porti regolarmente un orologio da polso. Sono quasi certo che non sai come funziona al suo interno per cui non saresti in grado di aggiustarlo se dovesse rompersi. Eppure anche se non conosci il suo meccanismo lo usi perché in fondo quello che è importante per te per quanto riguarda il suo possesso è che ti possa dare l'orario ogni volta che ti serve. Diciamo che sfrutti la sua funzionalità al di là della comprensione che hai del suo funzionamento. Sei più funzionale e pratico che filosofico e teorico. Ecco perché non sono più interessato a sapere chi ha creato e per quale motivo è stato generato l'intero universo

E comunque come diceva Bob Dylan: "*The answer, my friend, is blowin' in the wind. The answer is* blowin' in the wind" (La risposta, amico mio, sta soffiando nel vento. La risposta sta soffiando nel vento). Ed il vento è sempre stato qualcosa di sicuramente impossibile da raggiungere, non tanto per la sua velocità ma piuttosto per la sua imprevedibilità.

Ricordate l'ago nel pagliaio e l'importanza dell'avere fede che in quel dato luogo c'è la certezza assoluta della presenza di questo ago? Non è forse questa la cosa più importante? Ovvero sapere che c'è l'ago ed avrà sempre senso cercarlo a prescindere dal suo ritrovamento? Vorrei farti riflettere, caro lettore, sul fatto che non sia necessariamente più importante trovare a tutti i costi questo ago o qualsiasi altro oggetto della nostra ricerca. Eppure potrebbe essere più interessante vivere l'esperienza della ricerca dell'oggetto che ci offre la possibilità ad esempio di esplorare i vari luoghi che si possono raggiungere durante il cammino, creando di fatto delle occasioni per incontrare cose nuove e nuove opportunità che ci possono aprire inesorabilmente il cuore e la mente ad un cambiamento inaspettato ma fortemente indispensabile per la nostra evoluzione.

E' come la storia del *sabato nel villaggio:* c'è più entusiasmo nei preparativi del sabato o nel vissuto della domenica? Oppure avendo come meta la cima di una montagna come preferiamo sperimentare il percorso?

- Possiamo percorrere il cammino che ci porterà alla meta con gli occhi bassi e concentrati unicamente allo sforzo che ci permetterà di raggiungere l'obiettivo perdendo tutte le bellezze che avremo la possibilità di incontrare oppure
- possiamo gustarci i vari panorami che incontriamo, nutrirci con le fragoline e i mirtilli che delimitano il sentiero oppure riposarci sotto le fronde di un maestoso albero per ripararci dalla calura estiva.

Tu cosa preferiresti vivere tra queste due possibilità? A te la scelta e buon viaggio.

Epilogo

Se avessimo il tempo di leggere e se poi soprattutto fossimo anche capaci di comprendere a pieno titolo le intere collezioni dei libri sacri delle molteplici comunità che abitano il pianeta terra e che sono una evidente espressione del loro pensiero interpretativo e di come costoro vivano o impostino la loro spiritualità, potremmo trovare delle linee guide comuni che potrebbero incarnare e avvalorare il buon senso che ha accompagnato l'uomo nei millenni tra una guerra e una carestia includendo anche quei piccoli periodi di calma e apparente pace che servivano per la ricostruzione.

Non ho né le capacità né tantomeno le conoscenze per fare ciò ma vi rimando a qualche altro autore che avrà sicuramente già azzardato di perlustrare in questa direzione. Per quanto mi riguarda mi permetterò di fare qualche accenno ai riferimenti tradizionali di casa nostra legati soprattutto alla Chiesa Cattolica valutandoli con l'occhio sgombero da tralci e che cerca l'essenza delle cose nella sua realtà confrontandola con una realtà sperimentata e sperimentabile da qui all'eternità (fideisticamente parlando) ovvero la Vita. Alcuni esempi:

Tradizione	**Chiesa Cattolica**	**Vita**
Mezzo operante	**Dio**	**Natura**
Siamo tutti fratelli e figli di …	✓	✓
… è sempre presente tra noi	✓	✓
… ci protegge	✓	✓
… ci ama	✓	✓
……… aggiungi qualcosa che abbia un senso per te	✓	✓

Trovate difficoltà a guardare in modo speculare queste due tradizioni? E' come se in fondo enunciassero gli stessi principi usando un linguaggio in letteratura che di certo non è sovrapponibile per niente.

Riprendendo le voci della tabella precedente è evidente che siamo tutti fratelli e figli di Dio in quanto lui ci ha creati tutti a sua immagine e somiglianza ed è evidente che se deriviamo tutti dallo stesso padre per definizione non possiamo altro che essere tra noi fratelli. Un padre un po' virtuale nel senso non così visibile ma per chi ha fede in ogni caso elemento presente e operante a pieno titolo. Per quanto riguarda la Natura la lettura è molto più facile da recepire poiché siamo tutti parte della stessa creazione e siamo più per necessità che per virtù evidentemente fratelli. Esattamente come dicevano e dicono ancora i Nativi americani o gli animisti in certe aree africane ma anche un certo tal Francesco, che evidentemente non ha molto a che fare con il Pontefice attuale in quanto nato in quel di Assisi. Per loro esistevano concretamente il fratello Sole e la sorella Luna ma anche il fratello Toro Seduto e la sorella Giraffa. Per quanto riguarda poi la creazione è evidente che una verità non la detiene ancora nessuno per cui partendo da un regime fiduciario, ogni dichiarazione in questo senso va presa per buona, sia che l'universo sia stato generato da una forza chiamata Dio, Vita o Big Bang.

Che Dio sia presente sempre tra di noi non è poi così scontato come potrebbe invece esserlo per quanto riguarda la Natura che di fatto risulta essere l'ambiente in cui ci muoviamo costantemente in ogni istante della vita.

Cosa dire poi del Dio che ci protegge e ci ama? Tutto e niente. Provate però a chiedere a qualsiasi adepto della cristianità che vi spieghi come ci protegge e quanto ci ama il suo dio quando fa morire suo figlio di 6 mesi con un tumore al cervello e provate ad attendete una risposta: buona fortuna. Mentre per la Natura è molto più evidente e concreta questa formulazione: possiamo ripararci grazie agli elementi che ci mette a disposizione sia di fattezza naturale - vedi caverne & C. - sia di tipo innaturale - vedi case e rifugi di ogni tipologia costruiti dall'uomo stesso ma sempre con materiali che ancora una volta è la Natura a metterci a disposizione. Puoi sentire il suo amore quando ti stai nutrendo delle ciliegie o delle albicocche dell'albero che si trova nel prato dietro casa? Se non l'hai mai sentito è bene che tu ti riconnetta al più presto con la terra che come è successo per te e per l'albero di ciliegie o di albicocche è stata originata sempre dalla Natura.

E perché mai avrei continuato per tutto il libro a dire che siamo meravigliosi? Qualcuno potrebbe dirmi che lo faccio per partito preso e che mi comoda dire o pensare questa cosa. Liberi di pensarlo. Ma non è mia abitudine usare concetti senza riconoscere loro il giusto peso e valore. Quindi vi svelerò dove poggia la consistenza e la solidità delle mie parole.

Beh, non scommetterò più birra e pizza perché mi sembrerebbe di *rubare in chiesa* ma vi accompagnerò lo stesso a comprendere il cammino di integrazione piuttosto che quello di separazione che sperimento ogni giorno con il quale si può com-prendere ogni cosa con semplicità.

Ora mi rivolgo a te caro lettore per farti percepire la bellezza e la veridicità di quello che dico:

"Ti sei mai perso davanti ad un tramonto mozzafiato in una calda serata di fine estate in riva al mare o in cima ad un cucuzzolo? Sicuramente sì, almeno lo spero per voi. Prima di cominciare ti darò qualche istruzione quindi leggi con calma le prossime righe e solo in un secondo momento approcciati nella sperimentazione. Mettiti comodo, chiudi gli occhi e se necessario, respira lentamente e profondamente e reimmergerti in quella situazione così dolce. Ricontattala possibilmente

con l'utilizzo di tutti i tuoi sensi. Quindi guarda i colori di quell'immagine, ascolta i suoni che rimbalzavano da quell'incantevole visione, percepisci la brezza sul tuo corpo e il calore di quegli ultimi raggi che lambiscono la tua pelle. Quali odori puoi percepire e che sensazione puoi ritrovare in bocca? Cerca di restare in questo stato per il tempo necessario che ti serve per mantenere quel senso di gioia e di pienezza dentro di te.

Riponi pure il libro e riprendilo solo quando sarai immerso nel tuo bellissimo film che di virtuale avrà ben poco perché per il cervello come sappiamo e abbiamo già argomentato precedentemente non faranno molta differenza quelle immagini sia che le abbiate create nella mente piuttosto che vissute in diretta".

Pausa e comincia ora a fare l'esperienza.

Ben tornato! Il segno per continuare la lettura è questa riga scritta in grassetto. Così sarà più facile per te ritrovarti.

"Se ti chiedessi di descrivere con parole quello che hai potuto assaporare nel profondo del tuo essere non sarei del tutto corretto perché non esistono parole che potrebbero rendere se non solo in parte la bellezza e la leggerezza di quell'esperienza così difficile da esprimere a tal punto da poterla unicamente lasciare lì, così com'è, nella quieta della tua dimora interiore.

Beh, che cosa sono in fondo i veri segreti se non quei momenti che ci toccano così tanto nel profondo e che nessuna parola potrà mai esautorarli nel loro pieno significato e valore emotivo o di altra natura che sia? Tutti gli altri segreti ovvero quelli che prima o poi diventano accessibili attraverso la parola si dovrebbero chiamare volgarmente (nel senso etimologico del volgo) segreti di Pulcinella.

Puoi sentire ora la vera pienezza della Vita e se per un attimo ti puoi identificare in quella pienezza, potresti in un secondo momento diventare in qualche modo quella pienezza riconoscendo solo successivamente come in ultima analisi quella pienezza sei tu in tutto e per tutto. Con la certezza che niente e nessuno ti potranno mai separare da ciò che si è manifestato ai tuoi sensi in quell'istante: tu sei quel tramonto, tu sei il Tramonto".

Basta aver sentito almeno una volta nella vita questa emozionante condizione di pienezza che questa ci accompagnerà per il resto della nostra esistenza riproponendosi magari anche sotto altre forme di energia ma sempre con uguale intensità e precisione come a testimoniare che nella vita non c'è il caso ma che tutto ha un senso al nostro servizio perché se qualcosa accade una volta sola può essere il caso e la seconda volta potrebbe essere una coincidenza ma la terza è sicuramente la realtà così com'è. E come diceva Tiziano Terzani: "*Il caso? Difficile dire che non esiste, ma in qualche modo mi andavo convincendo che gran parte di quel che sembra succedere appunto "per caso", siamo noi che lo facciamo accadere; siamo noi che, una volta cambiati gli occhiali con cui guardiamo il mondo, vediamo ciò che prima ci sfuggiva e per questo credevamo non esistesse. Il caso, insomma, siamo noi".*

Uauuuh! Che meraviglia! Non continuare a leggere e goditi la meraviglia che sei. Anzi, chiudi anche il libro e prenditi una pausa riflessiva.

Eccoci qua di nuovo insieme.

E se avete qualcosa anche voi da raccontare sulla fede. Qualche riflessione, piccola o grande che sia, che vi è frullata per la testa durante il vostro percorso di vita. Non lasciate che si disperda nei meandri della vostra mente e non esitate. Prendete immediatamente penna e calamaio, mettete nero su bianco, lasciate decantare un po' di tempo prendendovi un giusto spazio di riflessione ma alla fine e solo alla fine abbiate la cortesia di prendervi il rischio di inviarmela a questo indirizzo mail: *carcanni@gmail.com* o a quello di posta ordinario: *c.cannistraro, via Papa Luciani 22 - 31040 Portobuffolè*

TV. Potremmo così condividerla attraverso magari una pubblicazione con tutti i lettori di questo libro e tanti altri ancora. Perché quello che ci salverà.... anche se sarebbe meglio dire quello che ci farà avanzare da un punto di vista evolutivo e coscienziale, sarà proprio la condivisione ovvero quel mettere a disposizione dell'altro il nostro pensiero libero da dubbi ancestrali. Un pensiero, quello di ognuno di noi, che può fare la differenza nella vita di tutti se solo saremo capaci di condividerlo attraverso la partecipazione perché in fondo, come diceva Giorgio (da *La Libertà di Gaber):*

Vorrei essere libero
libero come un uomo

Come un uomo appena nato
che ha di fronte solamente
la natura
che cammina dentro un bosco
con la gioia di inseguire
un'avventura

Sempre libero e vitale
fa l'amore come fosse
un animale
incosciente come un uomo
compiaciuto della propria
libertà

La libertà
non è star sopra un albero
non è neanche il volo di un moscone
la libertà non è uno spazio libero
libertà è partecipazione

Per non dimenticare ....

Io se fossi Dio da il Teatro di Giorgio Gaber - 1982 -
Giorgio Gaber

Io se fossi Dio
E io potrei anche esserlo
Sennò non vedo chi
Io se fossi Dio
Non mi farei fregare dai modi furbetti della gente
Non sarei mica un dilettante
Sarei sempre presente
Sarei davvero in ogni luogo a spiare
O meglio ancora a criticare
Appunto cosa fa la gente
Per esempio il piccolo borghese
Com'è noioso
Non commette mai peccati grossi
Non è mai intensamente peccaminoso
Del resto, poverino, è troppo misero e meschino
E pur sapendo che Dio è più esatto di una Sveda
Lui pensa che l'errore piccolino
Non lo conti o non lo veda
Per questo
Io se fossi Dio
Preferirei il secolo passato
Se fossi Dio
Rimpiangerei il furore antico
Dove si odiava e poi si amava
E si ammazzava il nemico
Ma io non sono ancora
Nel regno dei cieli
Sono troppo invischiato
Nei vostri sfaceli.

Io se fossi Dio
Non sarei così coglione
A credere solo ai palpiti del cuore
O solo agli alambicchi della ragione
Io se fossi Dio
Sarei sicuramente molto intero e molto distaccato
Come dovreste essere voi
Io se fossi Dio
Non sarei mica stato a risparmiare
Avrei fatto un uomo migliore
Sì, vabbe', lo ammetto
Non mi è venuto tanto bene
Ed è per questo, per predicare il giusto
Che io ogni tanto mando giù qualcuno
Ma poi alla gente piace interpretare
E fa ancora più casino
Io se fossi Dio
Non avrei fatto gli errori di mio figlio
E sull'amore e sulla carità
Mi sarei spiegato un po' meglio
Infatti non è mica normale che un comune mortale
Per le cazzate tipo compassione e fame in India
C'ha tanto amore di riserva che neanche se lo sogna
Che viene da dire
"Ma dopo come fa a essere così carogna?"
Io se fossi Dio
Non sarei ridotto come voi
E se lo fossi io certo morirei per qualcosa di importante
Purtroppo l'occasione di morire simpaticamente
Non capita sempre
E anche l'avventuriero più spinto
Muore dove gli può capitare e neanche tanto convinto
Io se fossi Dio
Farei quello che voglio

Non sarei certo permissivo
Bastonerei mio figlio
Sarei severo e giusto
Stramaledirei gli inglesi come mi fu chiesto
E se potessi
Anche gli africanisti e l'Asia
E poi gli americani e i russi
Bastonerei la militanza come la misticanza
E prenderei a schiaffi
I volteriani, i ladri
Gli stupidi e i bigotti
Perché Dio è violento!
E gli schiaffi di Dio
Appiccicano al muro tutti
Ma io non sono ancora
Nel regno dei cieli
Sono troppo invischiato
Nei vostri sfaceli
Finora abbiamo scherzato
Ma va a finire che uno
Prima o poi ci piglia gusto
E con la scusa di Dio tira fuori
Tutto quello che gli sembra giusto
E a te ragazza
Che mi dici che non è vero
Che il piccolo borghese è solo un po' coglione
Che quell'uomo è proprio un delinquente
Un mascalzone, un porco in tutti i sensi, una canaglia
E che ha tentato pure di violentare sua figlia
Io come Dio inventato
Come Dio fittizio
Prendo coraggio e sparo il mio giudizio e dico:
Speriamo che a tuo padre gli sparino nel culo, cara figlia
Così per i giornali diventa

Un bravo padre di famiglia
Io se fossi Dio
Maledirei davvero i giornalisti
E specialmente tutti
Che certamente non sono brave persone
E dove cogli, cogli sempre bene
Compagni giornalisti avete troppa sete
E non sapete approfittare delle libertà che avete
Avete ancora la libertà di pensare
Ma quello non lo fate
E in cambio pretendete la libertà di scrivere
E di fotografare
Immagini geniali e interessanti
Di presidenti solidali e di mamme piangenti
E in questa Italia piena di sgomento
Come siete coraggiosi, voi che vi buttate
Senza tremare un momento
Cannibali, necrofili, deamicisiani e astuti
E si direbbe proprio compiaciuti
Voi vi buttate sul disastro umano
Col gusto della lacrima in primo piano
Sì, vabbe', lo ammetto
La scomparsa dei fogli e della stampa
Sarebbe forse una follia
Ma io se fossi Dio
Di fronte a tanta deficienza
Non avrei certo la superstizione della democrazia
Ma io non sono ancora
Nel regno dei cieli
Sono troppo invischiato
Nei vostri sfaceli
Io se fossi Dio
Naturalmente io chiuderei la bocca a tanta gente
Nel regno dei cieli non vorrei ministri

Né gente di partito tra le palle
Perché la politica è schifosa e fa male alla pelle
E tutti quelli che fanno questo gioco
Che poi è un gioco di forza ributtante e contagioso
Come la lebbra e il tifo
E tutti quelli che fanno questo gioco
C'hanno certe facce che a vederle fanno schifo
Che sian untuosi democristiani
O grigi compagni del Pci
Son nati proprio brutti
O perlomeno tutti finiscono così
Io se fossi Dio
Dall'alto del mio trono
Vedrei che la politica è un mestiere come un altro
E vorrei dire, mi pare Platone
Che il politico è sempre meno filosofo
E sempre più coglione
È un uomo a tutto tondo
Che senza mai guardarci dentro scivola sul mondo
Che scivola sulle parole
Anche quando non sembra o non lo vuole
Compagno radicale
La parola compagno non so chi te l'ha data
Ma in fondo ti sta bene
Tanto ormai è squalificata
Compagno radicale
Cavalcatore di ogni tigre, uomo furbino
Ti muovi proprio bene in questo gran casino
E mentre da una parte si spara un po' a casaccio
Dall'altra si riempiono le galere
Di gente che non c'entra un cazzo
Compagno radicale
Tu occupati pure di diritti civili
E di idiozia che fa democrazia

E preparaci pure un altro referendum
Questa volta per sapere
Dov'è che i cani devono pisciare
Compagni socialisti
Ma sì, anche voi insinuanti, astuti e tondi
Compagni socialisti
Con le vostre spensierate alleanze
Di destra, di sinistra, di centro
Coi vostri uomini aggiornati
Nuovi di fuori e vecchi di dentro
Compagni socialisti, fatevi avanti
Che questo è l'anno del garofano rosso e dei soli nascenti
Fatevi avanti col mito del progresso
E con la vostra schifosa ambiguità
Ringraziate la dilagante imbecillità
Ma io non sono ancora
Nel regno dei cieli
Sono troppo invischiato
Nei vostri sfaceli
Io se fossi Dio
Non avrei proprio più pazienza
Inventerei di nuovo una morale
E farei suonare le trombe per il Giudizio universale
Voi mi direte: perché è così parziale
Il mio personalissimo Giudizio universale?
Perché non suonano le mie trombe
Per gli attentati, i rapimenti
I giovani drogati e per le bombe
Perché non è comparsa ancora l'altra faccia della medaglia
Io come Dio, non è che non ne ho voglia
Io come Dio, non dico certo che siano ingiudicabili
O addirittura, come dice chi ha paura, gli innominabili
Ma come uomo come sono e fui
Ho parlato di noi, comuni mortali

Quegli altri non li capisco
Mi spavento, non mi sembrano uguali
Di loro posso dire solamente
Che dalle masse sono riusciti ad ottenere
Lo stupido pietismo per il carabiniere
Di loro posso dire solamente
Che mi hanno tolto il gusto di essere incazzato personalmente
Io come uomo posso dire solo ciò che sento
Cioè solo l'immagine del grande smarrimento
Però se fossi Dio
Sarei anche invulnerabile e perfetto
Allora non avrei paura affatto
Così potrei gridare, e griderei senza ritegno
Che è una porcheria
Che i brigatisti militanti siano arrivati dritti alla pazzia
Ecco la differenza che c'è tra noi e gli innominabili:
Di noi posso parlare perché so chi siamo
E forse facciamo più schifo che spavento
Di fronte al terrorismo o a chi si uccide c'è solo lo sgomento
Ma io se fossi Dio
Non mi farei fregare da questo sgomento
E nei confronti dei politicanti sarei severo come all'inizio
Perché a Dio i martiri
Non gli hanno fatto mai cambiar giudizio
E se al mio Dio che ancora si accalora
Gli fa rabbia chi spara
Gli fa anche rabbia il fatto che un politico qualunque
Se gli ha sparato un brigatista
Diventa l'unico statista
Io se fossi Dio
Quel Dio di cui ho bisogno come di un miraggio
C'avrei ancora il coraggio di continuare a dire
Che Aldo Moro insieme a tutta la Democrazia cristiana
è il responsabile maggiore

Di vent'anni di cancrena italiana
Io se fossi Dio
Un Dio incosciente, enormemente saggio
C'avrei anche il coraggio di andare dritto in galera
Ma vorrei dire che Aldo Moro resta ancora
Quella faccia che era
Ma in fondo tutto questo è stupido
Perché logicamente
Io se fossi Dio
La Terra la vedrei piuttosto da lontano
E forse non ce la farei ad accalorarmi
In questo scontro quotidiano
Io se fossi Dio
Non mi interesserei di odio e di vendetta
E neanche di perdono
Perché la lontananza è l'unica vendetta
È l'unico perdono
E allora
Va a finire che se fossi Dio
Io mi ritirerei in campagna
Come ho fatto io

Bibliografia

Hamer dr. R.G., *Tabella Scientifica della NMG®*, Ed. de la Nuova Medicina, 2009

Cannistraro C., *Appunti seminari con Moira Dempsey*, 2017

De Saint-Exupery A., *Il Piccolo Principe*, Ed. Bompiani, 1978

Gibran K., *Il Profeta*, Ed.SE, 1985

Cannistraro C., *Appunti seminari con Gerard Athias*, 2012

Elizabeth Clare Prophet, *Gli anni perduti di Gesù*, Ed. Il Punto d'Incontro, 2000

Mario Pincherle, *Il vangelo di Gesù bambino*, Macro Edizioni, 1999

Se questo libro vi è piaciuto potreste anche leggere:

Cannistraro Carlo
Marchetti Graziella
Il Cammino Sottile verso la libertà
Edizioni *al SEGNO,* 208 pp.

"Era già scritto sui muri - direbbe qualcuno - che Graziella ed io avremmo cominciato un giorno *a mettere* nero su bianco *le* informazioni che da anni cerchiamo di divulgare con semplicità e passione.

Quel giorno è arrivato".

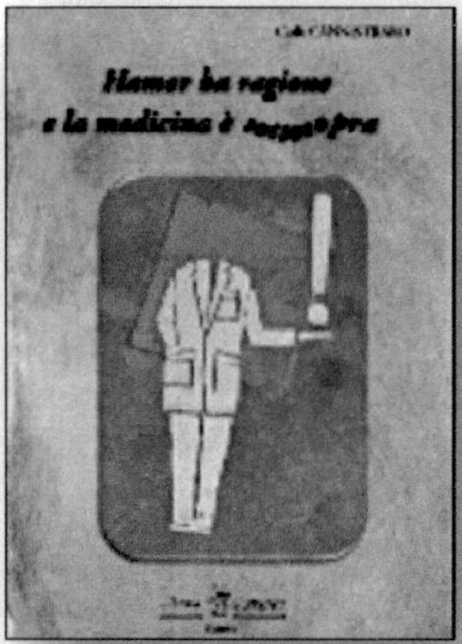

Cannistraro Carlo
Hamer ha ragione e la medicina è sottosopra
Edizioni *al SEGNO,* 245 pp.
"Illuminante, geniale, meraviglioso, *rasserenante, rassicurante e scientificamente provato!* Stanchi dei soliti lamenti? *Stanchi della noia? Stanchi di sentire brutte notizie? Bene! Questo è il libro che fa per Voi!"*

Nicole e Carlo Cannistraro
Racconto sul soffio della Vita e la magia della Coscienza
Carlo Cannistraro Editore, 128 pp.
"Questo genuino racconto di *emozioni e sensazioni esistenziali* rappresenta una lettura densa di *significati profondi*, con il pregio di essere allo stesso tempo un testo con un *linguaggio schietto e scorrevole*"

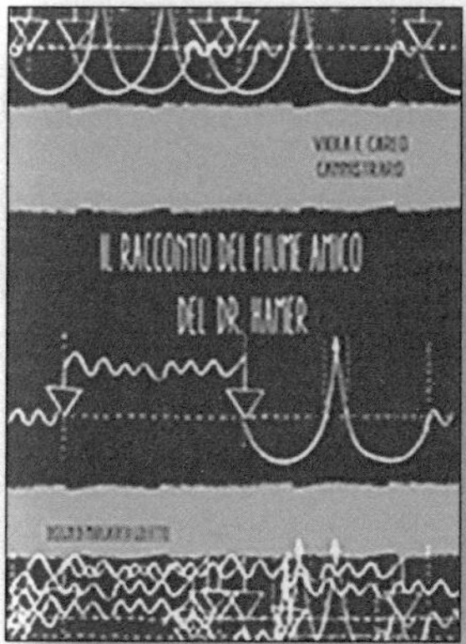

Viola e Carlo Cannistraro
Il racconto del fiume amico del dr. Hamer
Carlo Cannistraro Editore, 36 pp.
"*Tutto ha un senso* ed ogni esperienza ci può arricchire, complice la nostra consapevolezza.
Ricordiamoci che *la Vita è molto più saggia di noi* e ci offre sempre le esperienze che siamo in grado di accogliere"

Finito di stampare
nel mese di dicembre 2020
dalla Tipografia AGCM di Prata di Pordenone